シリーズ「遺跡を学ぶ」163

奴国の王都 須玖遺跡群

井上義也

新泉社

奴国の王都
—須玖遺跡群—

井上義也

【目次】

編集委員
勅使河原彰（代表）
小野　昭
小野　正敏
石川日出志
小澤　毅
佐々木憲一

装　幀　新谷雅宣
本文図版　松澤利絵

第1章　奴国の王都

1　奴国と須玖遺跡群

中国の歴史書に記された奴国

近年、アジアの玄関口として発展を続ける福岡都市圏は、古くから国際的な交流が盛んで、弥生時代においても中国大陸や朝鮮半島からさまざまな文物や新技術がもたらされた地域であった。そのなかでも福岡平野一帯にあったとされる「奴国《なこく》」は中国古代の歴史書にも記載される有力な国で、それを示すように福岡平野では多くの弥生遺跡が確認されている。本書では、福岡平野南深部にある「奴国の王都」と称される須玖《すぐ》遺跡群について紹介したい。

中国の歴史書である『漢書』地理志には「夫《そ》れ楽浪海中に、倭人有り。分かれて百余国と為る。歳時を以て来り献見すという。」と記され、紀元前一世紀ごろの「倭」（古代の日本）について知ることができる。

「奴国」が文献にはじめてあらわれるのは、『後漢書』倭伝の「建武中元二年（西暦五七）、倭奴国、奉貢朝賀す。使人自ら大夫《たいふ》と称す。倭国の極南界なり。光武、賜うに印綬《いんじゅ》を以てす。」という記述である（図1上）。「倭奴国」の読みについては諸説あるが、ここでは「わのなこく」とする。

ここにある印綬は、太宰府天満宮に伝わる中国唐代の書物『翰苑《かんえん》』の記載から金印紫綬であることが明らかになっている。そして、この金印は江戸

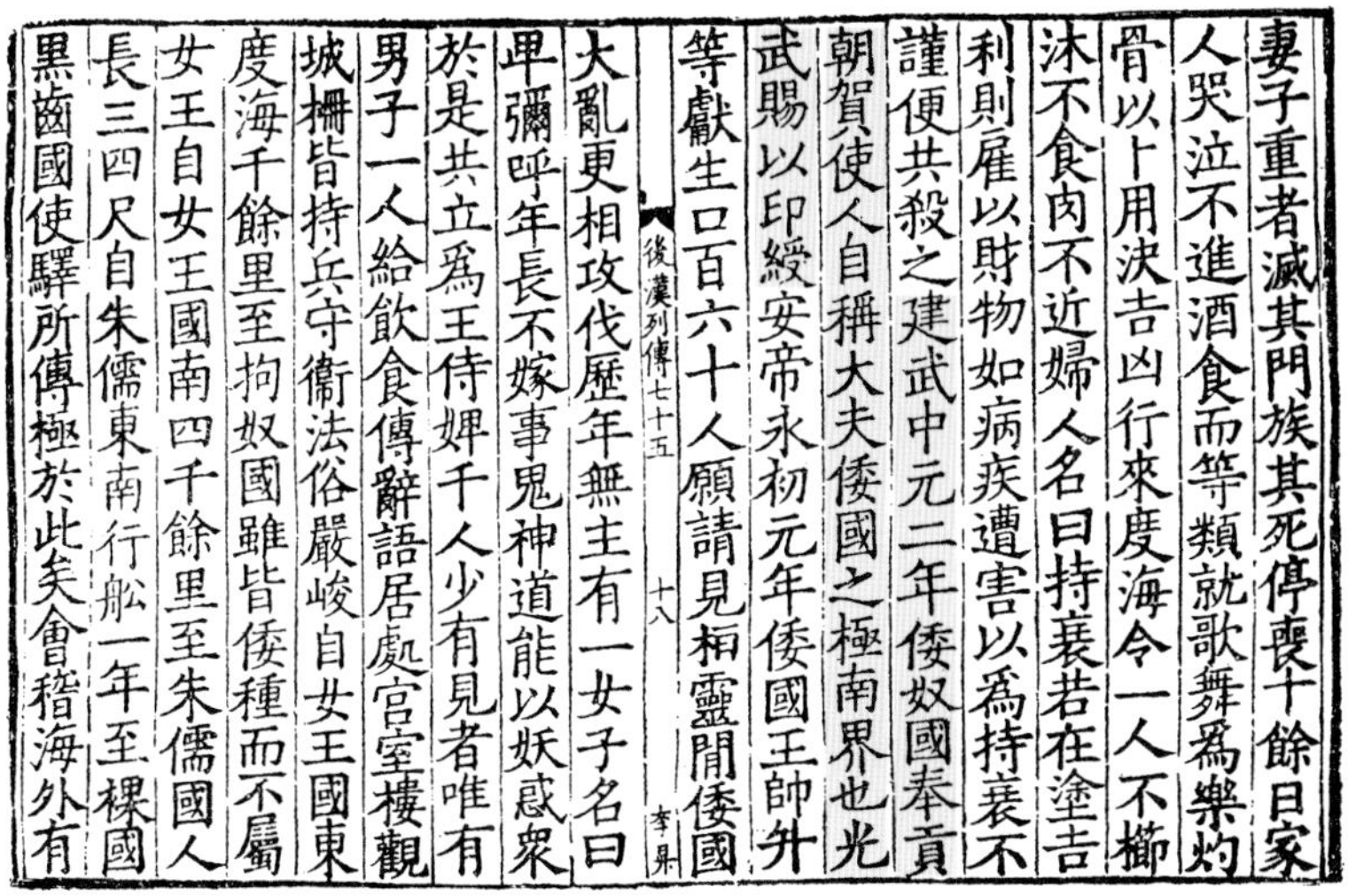
妻子重者滅其門族其死停喪十餘日家
人哭泣不進酒食而等類就歌舞爲樂灼
骨以卜用決吉凶行來度海令一人不櫛
沐不食肉不近婦人名曰持衰若在塗吉
利則雇以財物如病疾遭害以爲持衰不
謹便共殺之建武中元二年倭奴國奉貢
朝賀使人自稱大夫倭國之極南界也光
武賜以印綬安帝永初元年倭國王師升
等獻生口百六十人願請見桓靈閒倭國
後漢列傳七十五　十八　李昇
大亂更相攻伐歷年無主有一女子名曰
卑彌呼年長不嫁事鬼神道能以妖惑衆
於是共立爲王侍婢千人少有見者唯有
男子一人給飲食傳辭語居處宮室樓觀
城柵皆持兵守衛法俗嚴峻自女王國東
度海千餘里至拘奴國雖皆倭種而不屬
女王自女王國南四千餘里至朱儒國人
長三四尺自朱儒東南行船一年至裸國
黑齒國使驛所傳極於此矣會稽海外有

図1●『後漢書』倭伝に記された奴国に関する記述
57年に倭奴国が後漢に使いを送ってきたので、光武帝が印綬（金印紫綬）をあたえたと記されている。

時代の一七八四年（天明四）に、現在の福岡県福岡市東区志賀島で発見された「漢委奴国王《かんのわのなこくのおう》」と刻まれた金印（**図1下**）であることがほぼ定説になっている。

さらに、三世紀の倭国、邪馬台国や卑弥呼のことが記された『魏志』倭人伝にも奴国は登場する。倭人伝には、邪馬台国までの道のりなどが記されているが、奴国については「東南奴国に至る百里。官を兕馬觚《じまこ》といい、副を卑奴母離《ひなもり》という。二万余戸あり。」とあり、伊都国《いとこく》からの距離、長官と副官の名前、人口について記されている。

このような文献の記述から、当時の倭国のなかで、奴国は勢力をもった国であったことがわかる。また、『魏志』倭人伝の記述から奴国の所在地は、古代に那の津《なのつ》、儺県《なのあがた》、那珂郡《なかぐん》などが置かれた福岡平野であることはまちがいない。

福岡平野は、博多湾の南に接し、東に御笠川《みかさ》、西に那珂川が北流する沖積平野である。両河川周辺には丘陵や台地があり、多くの遺跡が確認されている。

中国の歴史書に記された奴国が存在した時期は、弥生～古墳時代はじめごろである。福岡平野ではこの時期の遺跡が数多く発掘され、全国的にも注目される新発見が相ついでいることから、この地が当時の社会において重要な拠点であったことがうかがいしれる。

奴国の領域

それでは福岡平野において、奴国の領域はどこまで広がるのだろうか。これについては諸説あるが、福岡市埋蔵文化財センターの久住猛雄《くすみたけお》氏による説が参考になるので紹介しておこう。

久住氏は、福岡平野の地形をはじめとして弥生〜古墳時代の集落遺跡や古墳、土器などの遺物から詳細な検討をおこなった。それによると、西は糸島《いとしま》平野と広《ひろ》石《いし》峠・飯盛《いいもり》山・日向《ひなた》峠を隔てた早良《さわら》平野まで、北は博多湾岸の大部分から同湾にある志賀島や能古《のこの》島まで、南は御笠川上流域、福岡平野と筑後平野を結ぶ回廊状の地形である筑紫野市の二《ふつ》日市《かいち》地狭帯から那珂川上流域にある那珂川市安徳台《あんとくだい》遺跡周辺まで、東は地理的にも福岡平野の東端である月《つき》隈《ぐま》丘陵までとした（**図2**）。

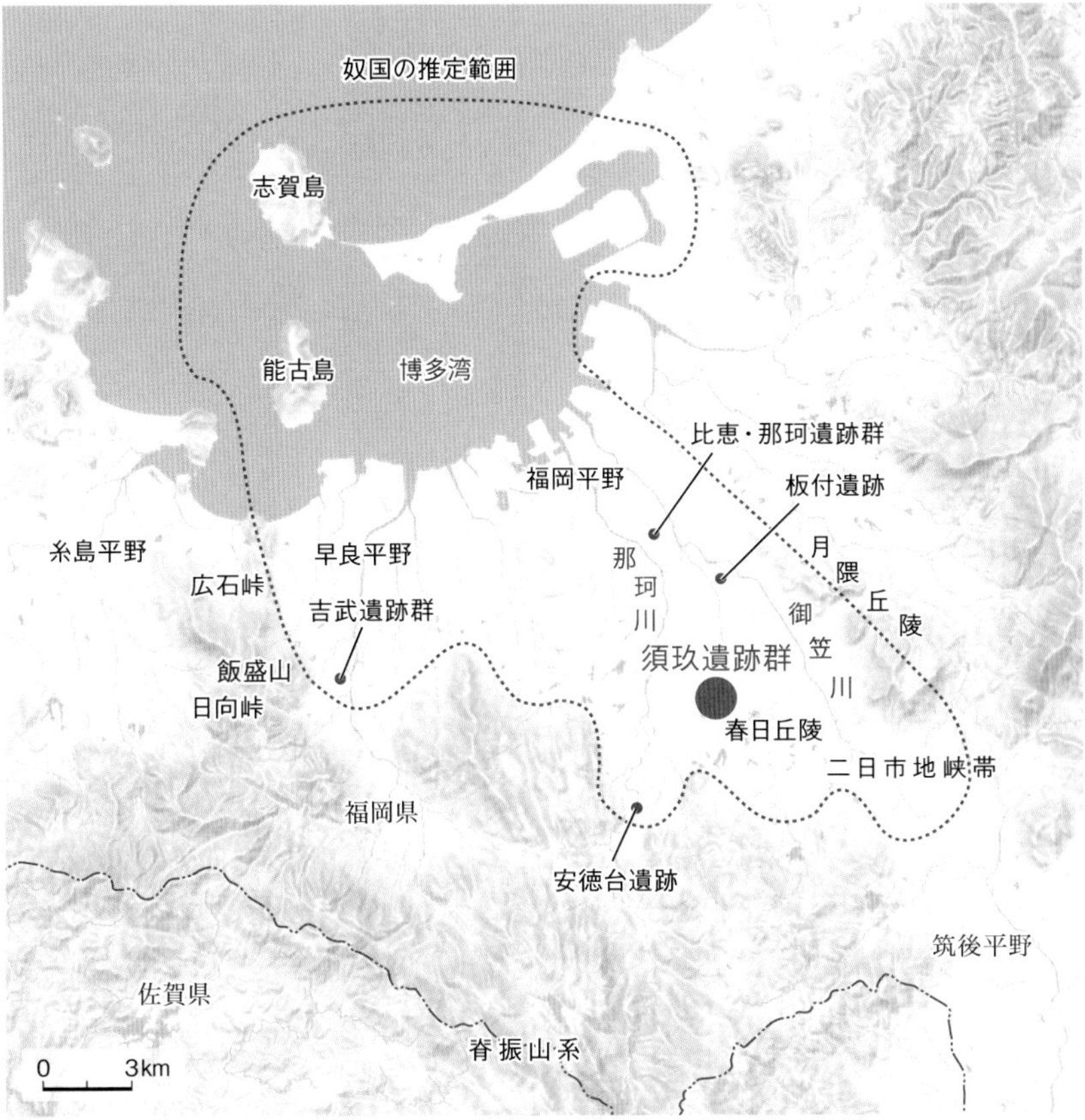

図2 ● 奴国の推定範囲
久住氏は、地形や青銅器の分布、土器の特徴から考古学的に奴国の範囲を考察した。

この奴国の内実を知るうえで注目されるのが、福岡市のベッドタウンとして都市化してきた春日市《かすが》にある須玖遺跡群である。須玖遺跡群は、春日市の中央部にのびる春日丘陵周辺に所在する福岡平野最大級の弥生時代中〜後期の遺跡である。

2 王都・須玖遺跡群

王都以前の春日丘陵

春日丘陵では、旧石器時代や縄文時代にも遺跡は点在する。赤井手《あかいで》遺跡ではナイフ形石器などが複数、須玖岡本遺跡でも台形様石器や細石刃核《さいせきじんかく》などが出土している。良好な出土状況ではないが、当地の旧石器時代について知ることができる貴重な資料である。

縄文時代の遺物は、弥生時代以降の遺跡を掘ると石鏃《せきぞく》、石匙《せきひ》、スクレイパーなどの石器や縄文土器が出土することがある。遺構は、落とし穴と考えられる土坑が立石《たていし》遺跡で複数確認され、土器も出土する。

弥生時代早期〜前期は、春日丘陵およびその周辺の低地で遺跡が確認できる。とくに墓地が目立ち、丘陵上の伯玄社《はくげんしゃ》遺跡、平若《へいじゃく》A遺跡では小壺を副葬（供献）した木棺墓《もっかんぼ》や甕棺墓《かめかんぼ》が確認された。とくに、伯玄社遺跡の二十四号木棺墓には、朝鮮半島からの舶載品である有茎磨製《ゆうけいませい》石鏃六本が副葬されていた（図3）。低地の上平田《かみひらた》・天田《あまだ》遺跡でも小規模ながら甕棺墓が確認されている。

集落に関しては、伯玄社遺跡で住居跡や貯蔵穴、一の谷C遺跡で住居跡が確認されるが、規模は小さい。近年調査された仁王手《におうて》B遺跡は、丘陵造成のため削平されていたが、多くの貯蔵穴を確認することができた。削平を考えれば、住居跡が存在した可能性もあろう。なお、低地の遺跡のなかには、水田に関連すると考えられる溝などから、小片で数も少ないが早期の突帯文《とったいもん》土器が出土する。

須玖遺跡群では、弥生時代中期初頭は集落、墳墓ともに遺跡はほとんど確認されていない。早期〜中期初頭までの福岡平野の中心は、環濠集落である北方の板《いた》付《づけ》遺跡や那珂遺跡群であろう。とくに板付遺跡は、田端地区で墳丘をもち青銅器を副葬する墓地が確認されている。また、早良平野の吉武《よしたけ》遺跡群は、最古の王墓と

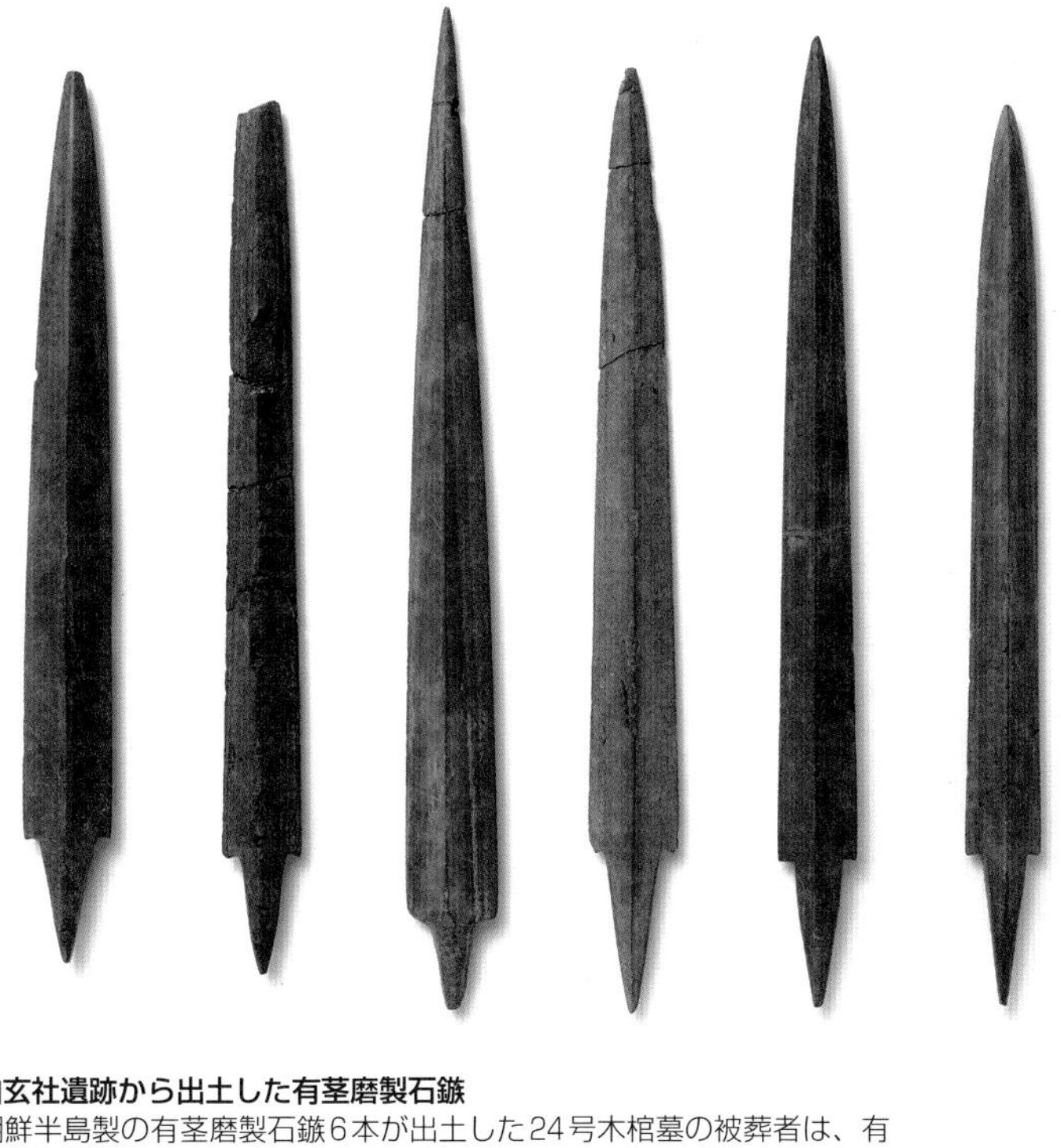

図3 ● 伯玄社遺跡から出土した有茎磨製石鏃
朝鮮半島製の有茎磨製石鏃６本が出土した24号木棺墓の被葬者は、有力者と考えられる。

もされる吉武高木遺跡三号木棺墓など青銅器や玉類を副葬する墳墓があるので、中期初頭までは、須玖遺跡群よりも板付遺跡、吉武遺跡群が優勢であったと言える。

春日丘陵と須玖遺跡群

春日市の中央部には南方の脊振《せふり》山系から派生する春日丘陵が北側にのびる。現在の春日丘陵は都市化により改変され、本来の地形をとどめていないが、古い地図や空中写真などをみると、小谷が入り組んだ小丘陵が樹枝状をなしていたことがわかる。この小丘陵上と周辺の低地には弥生時代の集落、工房、墓地、水田などの遺跡が絶えることなく連続する。

その範囲は南北二キロ以上、東西一キロ以上におよび、これまでに確認された遺跡数は七〇以上になる。この遺跡の集合体を須玖遺跡群、または須玖岡本遺跡群と称している（図4）。

須玖遺跡群を構成する集落のうち、全体像がほぼ明らかにされた遺跡として南部の大谷《おおたに》遺跡と大南《おおみなみ》A遺跡がある。大谷遺跡は、弥生時代中期主体の集落で、床面積が大きい中期の円形住居跡のほか、ベッド状遺構をもつ後期の長方形住居跡も散見される（図5）。本遺跡で特筆されることは、集落の形成時に丘陵の尾根を削平して平坦面を拡大し、尾根を削った土砂を斜面側に排出することによって、平坦面をさらに増大する大規模な造成工事がおこなわれたことである。また、弥生時代中期の青銅器鋳型が七点出土している。

大南A遺跡は、大谷遺跡の北側の丘陵に所在する。大谷遺跡と異なり弥生時代中期の円形住居跡八軒、後期の方形・長方形住居跡が九四軒確認された後期を中心とする集落である。遺跡

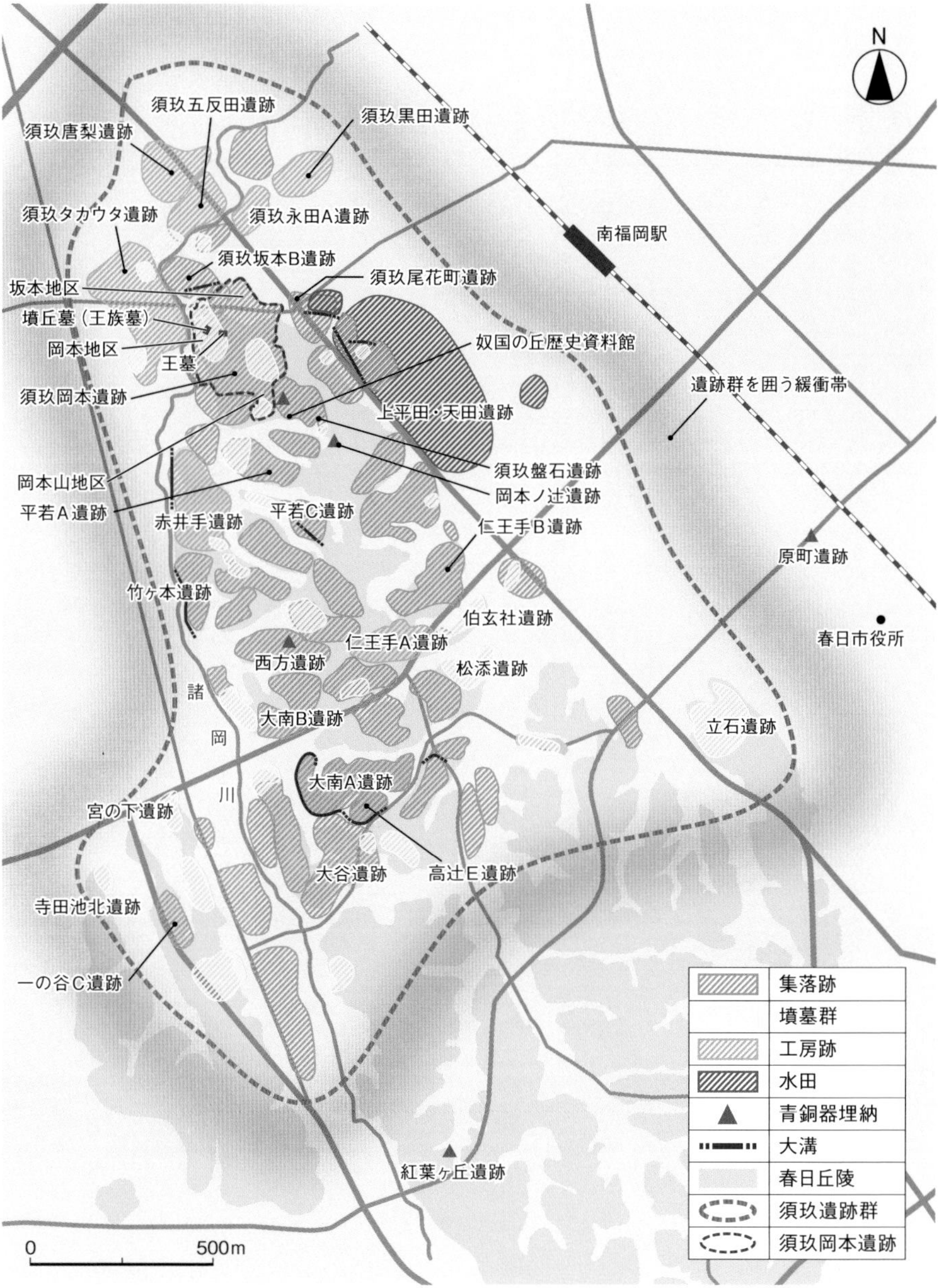

図４● 須玖遺跡群の遺跡分布
須玖遺跡群は、集落に隣接して墓地があることがわかる。とくに王墓や青銅器工房などは、丘陵北端部からその北側の低地に分布する。

の東部は調査前に消滅していたため、本来は二〇〇軒近くの住居跡があったと考えられる。特筆すべきは後述する大溝（図6）から完形品の銅戈《どうか》鋳型や状態のよい坩堝《るつぼ》が出土したことである。

現在、春日丘陵の北東部から東部は、陸上自衛隊福岡駐屯地および関連施設があるが、ここでは弥生時代の水田跡が確認されている。須玖尾花町《おばなまち》遺跡では、丘陵の裾部に竪穴住居跡や掘立柱建物跡があり、その下方の低地に水田がつくられていた。また、集落域と水田域の境には幅二・五〜四メートル、深さ〇・六メートル、断面形が逆台形の大溝がある。大溝の壁面は、集落側は地山を掘り下げているのに対し、水田側は盛り土によって基底部幅三メートル、現存高〇・六メートル（本来は一メートル以上あった可能性がある）の台形状の堤状遺構になっていた。大溝と堤状遺構は水田の水路の役割があるのだろうが、集落の区画や防御的な役割を兼ね備えた可能性もある。

須玖遺跡群では、江戸時代に完形の銅矛《どうほこ》鋳型が出土

図5●大谷遺跡でみつかったベッド状遺構をもつ住居跡
中央の炉を挟むやや大きなピットが主柱穴で、写真左側の床面の一段高くなった部分がベッド状遺構。

していたが、一八九九年（明治三二）には、のちに奴国王墓とよばれる多くの副葬品をもった墓が偶然発見された。昭和から平成になると、発掘調査により、副葬品を一～数個もつ墳墓や青銅器工房、青銅器生産関連遺物が多数発見された。また、先述した大南A遺跡や須玖尾花町遺跡、さらに高辻《たかつじ》E遺跡、竹ヶ本《たけがもと》A遺跡をはじめとする複数の遺跡において、須玖遺跡群の一部をめぐる環濠と考えられる大溝がみつかっている。このようにして確認された須玖遺跡群の規模や遺構、遺物の質や量は、弥生時代のほかの遺跡を圧倒しており、奴国の中心的な遺跡であることはまちがいない。このことから「奴国の王都須玖遺跡群」とよばれている。

　奴国の王都がどのようなものであったのか、第二章では王墓・王族墓から、第三章では王宮から、そして第四章では当時の先進的な技術を使用した青銅器生産からみていくことにしよう。

図６● 大南A遺跡でみつかった大溝
大南A遺跡が立地する小丘陵の西部～南部で確認した。大溝は隣接する高辻E遺跡でも確認されており、小谷を越えて連続する一連の施設と推測される。

第2章　須玖岡本王墓と王族墓

1　王墓の発見

発見の経緯

一八九九年（明治三二）、須玖村の岡本（現春日市岡本七丁目）でのこと。ある個人宅を建築する際に土を掘ったところ、甕棺《かめかん》がみつかり、その内外から銅鏡や銅剣が出土した。やがて、この出来事は中央の学界にも知られるところとなった。研究者たちがおとずれ、聞きとり調査をし、遺物を論文で紹介している。このため須玖岡本遺跡は全国的に知られることになったが、同時に遺物が散逸するきっかけにもなった。

現在、これらの出土品は京都大学、九州大学、東京国立博物館、福岡市博物館、春日市などにわかれて所蔵されている。しかし、当時このように注目を浴びながらも、銅鏡、銅剣などの詳細な出土状況は、九州帝国大学医学博士の中山平次郎《へいじろう》氏による一九二二年（大正一一）の追跡調査報告を待たなければならなかった。

中山平次郎博士による追跡調査

中山平次郎氏は九州帝国大学の病理学者であるが、解剖中にかかった感染症をきっかけに、少年時代に興味をもっていた考古学の研究に打ちこみ、九州の考古学界をリードしていくことになる。一九二二年（大正一一）、須玖村岡本を訪れた中山氏は、偶然、当時の発掘にかかわった人たちの所在を知った。彼らから当時の話をくわしく聞き、文章にまとめた。発見から二三年が経過し、しかも専門家ではない彼らの記憶があいまいなところもあるが、中山氏の報告概要はつぎのとおりである。

一八九九年（明治三二）八月ごろ（少し前の可能性あり）、須玖村の岡本で、個人が家屋を建設する際に、手伝いをしていたその親類など三人の若者らが、畑にあった邪魔な大石を動かした（図７）。この大石には、小型の石が少しななめに寄りかかって

図７●王墓発見のきっかけになった大石
大石は長さ3.3ｍ、厚さ0.3ｍ、重さ４ｔ。王墓から数回移動されたのち、現在は春日市奴国の丘歴史公園に移設されている。

いたという。

　大石の下には、高さ〇・三メートル程度の土壇があった。このため、大石の上は物を置くのにちょうどよい高さだったらしい。また、これを動かす際には、大石の下に棒を並べて差しこみ、その上を転がして運んでいる。大石が土壇の上にあったので、容易に動かすことができたという。なお、中山氏は大石と土壇について、甕棺の保護のために上に大石が置かれ、さらに墳丘がつくられたが、のちに墳丘が崩れたか、あるいは崩されて大石が残されたと考えた（**図8**）。つまり、大石の下の土壇は墳丘の残骸と推測している。

　話をもどすが、大石がとりのぞかれた土壇は中央付近がくぼみ、土の色が周囲と異なっていたため、若者たちはその部分を掘ったようである。まず、棺外に副葬されたと考えられる銅剣などが出土し、深さ〇・九メートルほど掘り下げたところで甕棺がみつかった。甕棺の上部はすでに壊れ、棺内は黒味のある土で満たされていた。しかし、そこから多くの水銀朱や銅鏡、銅矛、銅剣の各破片、管玉《くだたま》（ガラス）がみつかり、とくに「鏡は頗《すこぶ》る多く発見され、そのある

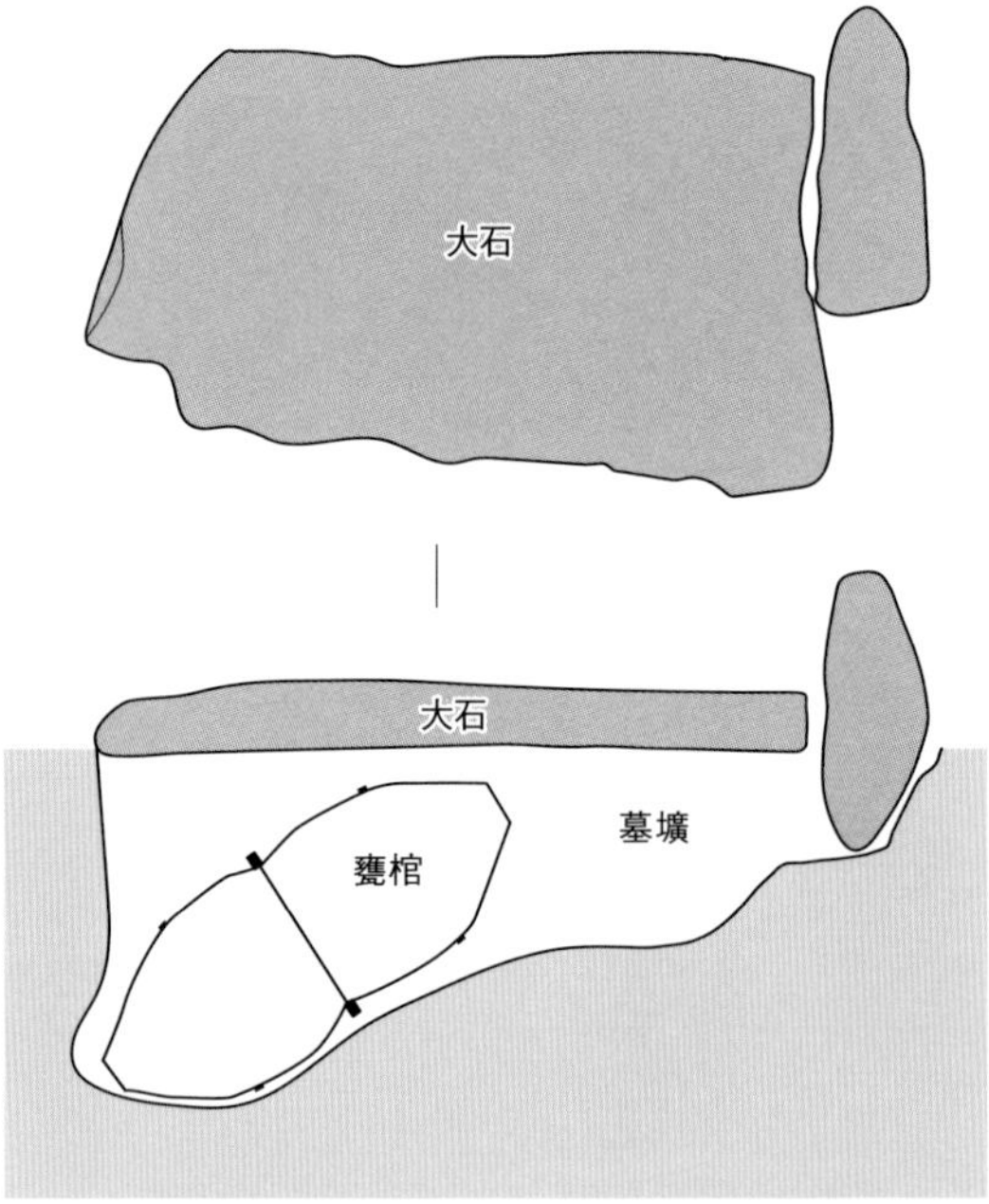

図8 ● 王墓の復元図
中山平次郎氏の報告を参考にすると、図のようになる。

ものは三寸許《ばか》りの厚さに重なった儘《まま》出た」（三寸＝約九センチ）とされる。その全量はショウケ（竹で編んだザルの一種。平均的なものは直径四五センチ、深さ九センチ程度）一杯になったという。発掘者はどんな甕棺であったかは記憶にないという。しかし、甕が横向きに埋められていたということから、中山氏は合口甕棺《あわせぐち》（二つの大甕の口を合わせた甕棺の埋納方法）であったと想定している（**図９**）。また、副葬品と一緒に出土した多くの粘土塊については、合口を被覆した粘土と推定した。

なお、この大石は昔から地元で神聖視され、この下に何かが埋まっているという言い伝えとともに、穢《けが》すと祟りがあるとされていた。若者たちは、まわりが止めたにもかかわらず発掘をおこなったが、やはり祟りを恐れて早々に止めた。その後、ある天台僧に相談

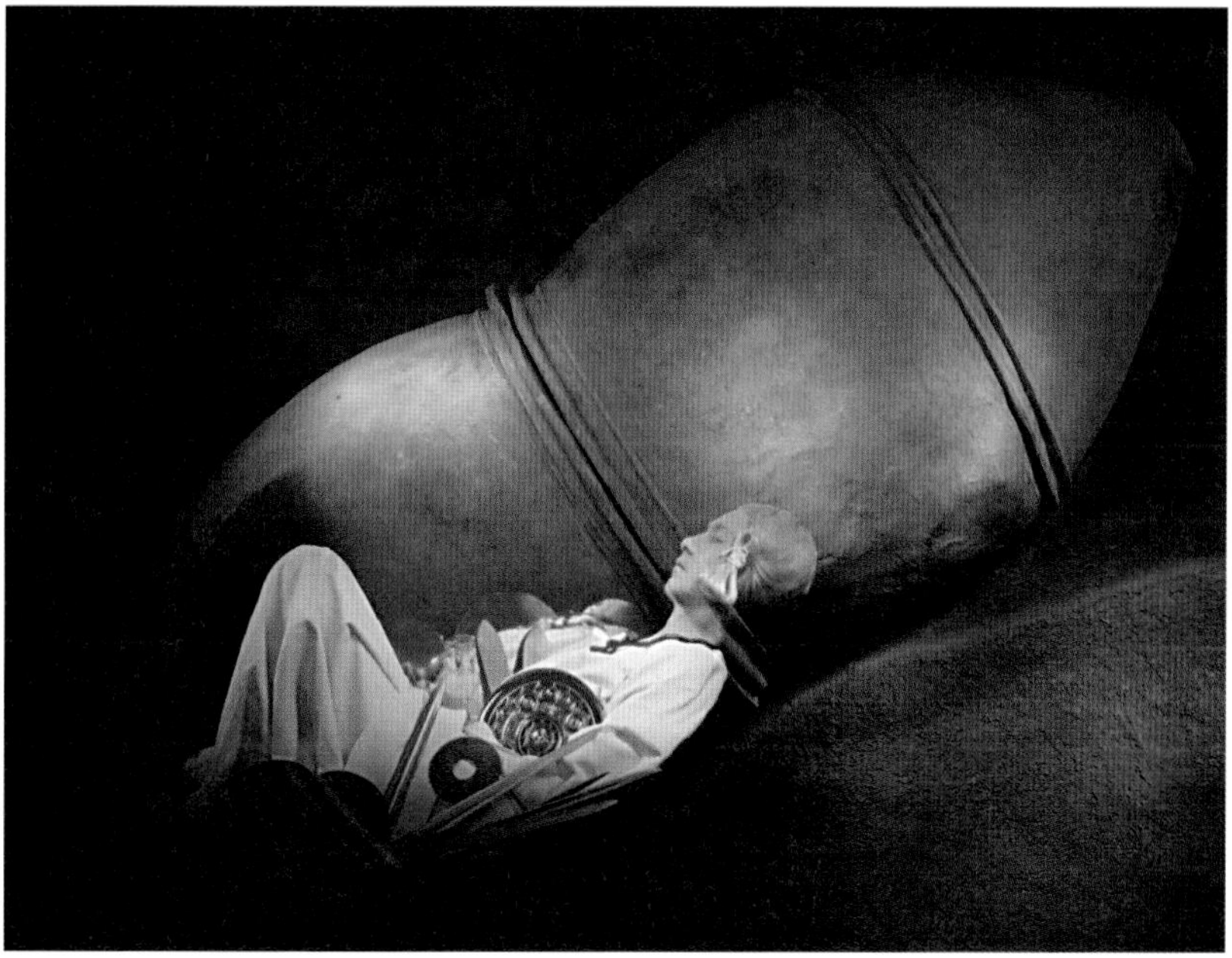

図９● 奴国王の埋葬状況復元図
奴国王は２つの大甕の口を合わせた甕棺に埋葬されたと考えられ、そこには多くの銅鏡や武器形青銅器が副葬された。

したところ、発掘した遺物は神物としてすべて石の下に返したほうがよいとの助言を受け、同じ敷地内に動かした大石の付近に土壇を模して煉瓦で槨（小室）をつくった（以下、煉瓦槨）。そして、そのなかに出土品を納め、上に大石を置いたという。

以上が、中山氏が発掘関係者から聞きとりをおこない、報告、考察した内容である。この詳細な内容が現在の須玖岡本王墓に関する研究の基礎となっている。中山氏が限られた情報のなかから墳丘の存在を指摘したことは卓見といえる。

後に奴国王墓とよばれることになる墳墓の研究は、こうしてはじまったのである。

王墓の出土品

前述したように、この墳墓は弥生時代の大甕を利用した甕棺墓である。甕棺の破片は取りだされ、その後回収されたものもあり、東京国立博物館には、この墳墓のものと考えられる甕棺の口縁部の破片、さらに胴部突帯の破片が保管されている。これらの内面や断面には朱が付着している。

出土した銅鏡は、前漢鏡の破片が二八〇片程度（**図10**）。面数については梅原末治《すえじ》氏、中山平次郎氏、高倉洋彰《ひろあき》氏、岡村秀典《ひでのり》氏らが検討しており、それぞれ推定面数は異なるが、三〇面前後と考えられている。鏡の大きさは面径が二〇センチ以上の大型鏡（草葉文《そうようもん》鏡）が三面あり、そのほか中型鏡（一六センチ程度）、小型鏡（一〇センチ以下）がある。とくに大型鏡は中国では王侯クラスの墳墓に副葬されるものであり、注目される。

図10 ● 王墓から出土した銅鏡片（上）**と復元鏡**（下）
発見が学術的な発掘調査ではなかったため、銅鏡片は出土地点から回収しきれていない。このため正確な面数はわかっていない。

なお、現在、東京国立博物館所蔵の須玖岡本王墓出土とされる夔《き》鳳鏡《ほうきょう》については、骨董屋から華族の二條家が購入したというが、来歴が不確かなこと、中山平次郎氏採集品のなかには夔鳳鏡の破片がひとつもみられないこと、ほかの副葬品と年代が合わないことなどから、現在は須玖岡本王墓の副葬品からは除外されている。

武器形青銅器の中には、一般的な銅剣とは異なり、片面に樋《ひ》とよばれる溝を四つもつ多樋式

図11 ● 王墓から出土した武器形青銅器
武器形青銅器も破片で出土したが、東京国立博物館がおこなった鉛同位体比分析により、10本あることがわかった。欠損部は復元されている。

銅剣がある（図11、下段中央）。このほかに銅矛六本、銅剣二本、銅戈一本があり、合計一〇本が確認されている。これらは現在、東京国立博物館に所蔵されている。

ガラス製品は、大型の勾玉《まがたま》（図12）、管玉、小玉《こだま》、璧《へき》小片がある。勾玉、管玉、璧は鉛バリウムガラス製で、製作当時は淡い青緑色をしていたと考えられるが、風化により白く変色している。ガラス管玉は鹿角製とされたこともあり、たいへんもろく、出土時に壊れたものもある。小玉は、王墓が発見された敷地内につくられた煉瓦槨内で中山平次郎氏が採集しており、このほかにも王墓出土とされる土塊とともにとり上げられた小玉が福岡市博物館に収蔵されている。

王墓たる根拠

このように豊富かつ豪華な副葬品をもつ須玖岡本王墓だが、なぜこの墳墓が王墓とされるのか、具体的な特徴からあらためて考えてみたい。

弥生時代の王墓の条件として、柳田康雄氏はつぎの三点をあげている。

①ほかの集団墓から独立した、一定規模の墳丘をもつ特定個人墓であること。

②隔絶した内容の副葬品をもち、なかでも超大型・大型鏡をふくむ多量の鏡群をもつこと。

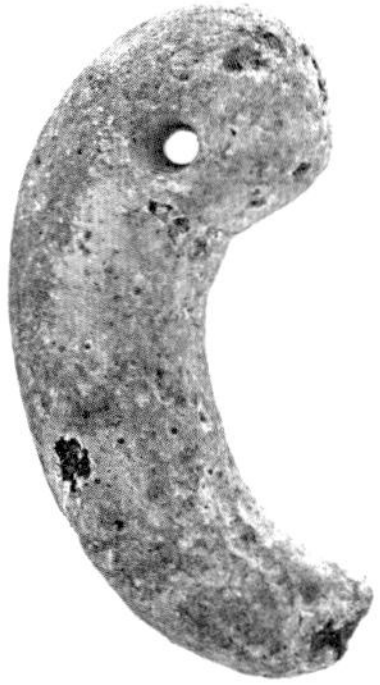

図12 ● ガラス製勾玉
長さは5.2 cm で、弥生時代のガラス勾玉としては最大級のもの。一部に本来の色である青緑色が残る。

③王墓とされる背景として、その地域に王が存在する証明があること。

これらを須玖岡本王墓にあてはめれば、①は、中山平次郎氏によって墳丘があったことが考察されている。その正確な地点をしぼり込むのはむずかしいが、昔の地図をみると、王墓の南側を東西に走る道路は王墓の手前で若干南に折れ曲がっており、この面影は現在も残る（**図13**）。これは、王墓の墳丘があったために、それを避けるように道路がつくられた結果とも考えられる。

また、副葬品をもつような甕棺を地下に完全に埋めようとするならば、地表から少なくとも二メートル以上掘って甕棺を据える必要がある。しかし中山氏の聞きとりでは、発見者の若者たちはわずか九〇センチほど掘ったところで甕棺をみつけている。これは、たとえ墓坑の床面に達していないとしても浅すぎる。このことから考えても、本来は墳丘があり、墳丘頂部から墓坑を掘りこみ、甕棺を据えたあとで大石を置いたと考えるのが自然だろう。発掘調査などで明らかになった弥生時代の墳丘墓を参考にすれば、墳丘の高さは二メートル以上、形は方形であったと

図13●墳丘裾に沿って作られたと考えられる道路区画
王墓地点の南側をはしる道路は西側で不自然に曲がっており、墳丘があった可能性がある。

想定される。

②について、弥生時代に副葬品をもつ墳墓の数は多くない。たとえば春日市の豆塚山《まめづかやま》遺跡は、五〇〇基以上の甕棺墓があったとされるが、一点の副葬品もなかった。ごく一部の副葬品をもつ墳墓でも、その内容は銅矛・銅剣・銅戈、鉄矛・鉄剣・鉄戈などの武器、勾玉・管玉・小玉などの玉類、そして銅鏡が単独あるいはいくつかの組み合わせで納められる程度だ。とくに銅鏡は当時もっとも高位の宝器で、大型であること、中国製であることに高い価値がおかれた。銅鏡が一、二面副葬されれば首長墓クラスで、五、六面も副葬されれば大首長クラスの墓であるといえるだろう。

須玖岡本王墓は、三〇面前後の中国鏡、しかも、中国では王侯クラスの墳墓に副葬されるような、二〇センチを超える大型鏡が三面も出土している。さらに、武器形青銅器が一〇本、弥生時代最大級のガラス勾玉などの玉類、ガラス璧などもふくむ。岡村秀典氏によると、ガラス璧は倭人が商業的に購入したものではなく、漢王朝から政治的・儀礼的に贈与されたものとされる。このことからも、被葬者が漢に厚遇されていたことがわかる。まさに王墓にふさわしい内容の副葬品といえるだろう。

最後に③について考えると、『後漢書』倭伝には、後漢の光武帝が倭奴国王に印綬を下賜したことが記され、江戸時代に漢委奴国王の金印が福岡市東区志賀島で出土したことが条件にあてはまるといえる。

以上のことから、須玖岡本遺跡の多量の副葬品をもつ甕棺墓は王墓とよぶにふさわしい。ちなみに、この須玖岡本王墓の年代は、副葬品や甕棺から弥生時代中期末、紀元前一世紀末とされるので、西暦五七年に金印を下賜された奴国王よりも数世代前の王の墳墓と考えられる。

2　王族墓を掘る

王墓の北西に広がる王族墓

ここまで王墓について紹介してきたが、須玖遺跡群では王の墳墓以外にも、王族らの墳墓と思われるものもみつかっている。

須玖岡本王墓は、春日丘陵北端部付近の緩斜面に位置する。そこから北西方向へ舌状に緩やかにのびた丘陵上に多くの墳墓がみつかっている（図14）。現在までのおもな発掘調査は、京都帝国大学、九州大学、福岡県教育委員会、そして春日市教育委員会によっておこなわれている。概要はつぎのとおりである。

一九二九年（昭和四）、京都帝国大学文学部考古学教室がA〜D地点を調査した。B地点では一〇基の甕棺を検出し、一号甕棺墓からは銅剣が出土した。C地点では甕棺墓を一基調査している。D地点は前述の王墓付近にあたるが、D地点＝王墓の甕棺があった地点ではないことは注意が必要である。若者らによって煉瓦槨に王墓の副葬品が納められ、上に大石が置かれていたこの地点からは、銅鏡の破片一〇点とガラス管玉一点が採集された。これらの調査は、京都帝国大学によって一九三〇年（昭和五）に『筑前須玖史前遺跡の研究』として報告された。

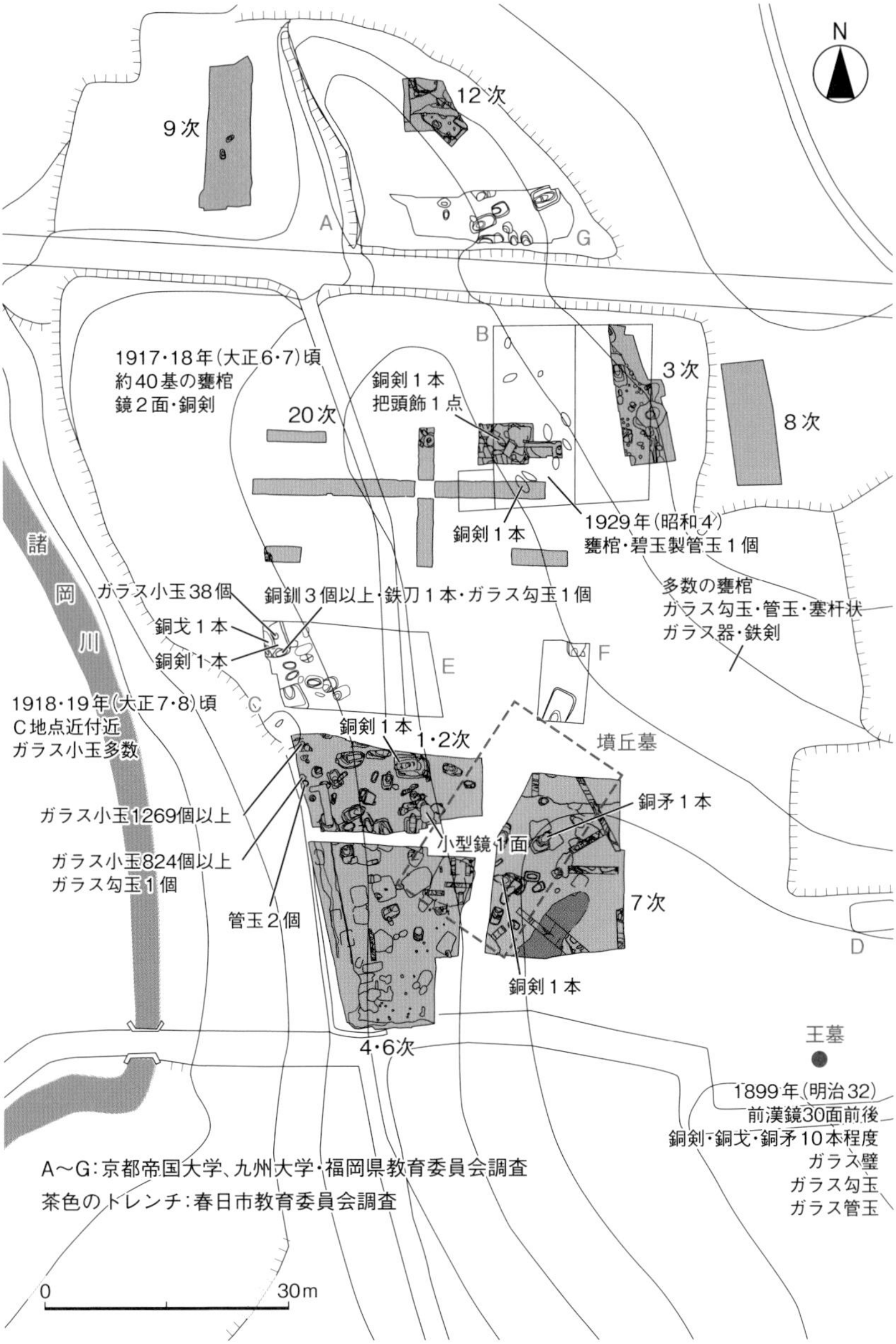

図14 ● 王族墓の発掘調査地点
本来の地形は失われてしまっているが、丘陵先端部まで墳墓が確認でき、
(9・12次調査調査区)、南側は6次調査区まで墓地が広がっている。

一九六二年には、九州大学と福岡県教育委員会がE・F地点で合同調査した。E地点では甕棺墓一五基、土坑墓三基が発見され、一三号甕棺墓から銅戈、一四号甕棺からガラス小玉三八個、一五号甕棺墓から銅剣、三号土坑墓から鉄刀、銅釧《どうくしろ》三個以上、さらにガラス勾玉が出土した。

なお、この調査では、甕棺を埋置するための墓坑（墓穴）がはじめて確認されている。それまでの甕棺墓の調査は、甕棺をみつけてそのまわりや中を発掘していたが、現在は、先に墓坑を検出して、甕棺を調査する方法が、甕棺調査の基本となっている。

一九八六年以降は、春日市教育委員会が発掘調査をおこなっている。二〇二二年までに須玖岡本遺跡の岡本地区で大小二六カ所の調査（王族墓エリアから外れた場所もふくむ）を調査し、副葬品が出た墳墓もある。以下に紹介していこう。

ぞくぞくと姿をあらわす甕棺墓と副葬品

一九八六・八七年の一次・二次調査では、甕棺墓二七基、土坑墓六基などが発見された。これらの墳墓の約四割に赤色顔料が確認されている。

一五号甕棺墓は、四・二二メートル×二・七九メートルの長方形の墓坑に、合口の成人甕棺がほぼ水平に設置されていた（**図15上**）。甕棺はその型式から弥生時代中期中ごろのものと考えられる。また、一点の銅剣が甕棺の合口部から、剣先を上甕方向にむけて納められていた（**図15下**）。鋒《きっさき》が若干欠失していたが、残存長は三四・八センチあり、鋒を復元すると、三六センチ程度になる。

　この甕棺墓は副葬品が出土したことに目が行きがちだが、注目すべきは墓坑の規模である。ほかの同時期の甕棺墓よりもはるかに大きく、小型の竪穴住居跡ほどの規模がある。銅剣しか副葬されていないものの、被葬者一人のために大きな墓坑を掘り、ていねいに埋葬したことがうかがわれる。

　一九・二〇号甕棺墓は調査区西端部で発見されたもので、両者は四メートルも離れていない。ともにかなり削平されていたが、多くのガラス小玉が出土した。

　一九号甕棺墓は、壺を上甕に、甕を下甕に使用した小～中型の甕棺で、残存状況が悪いため時期の

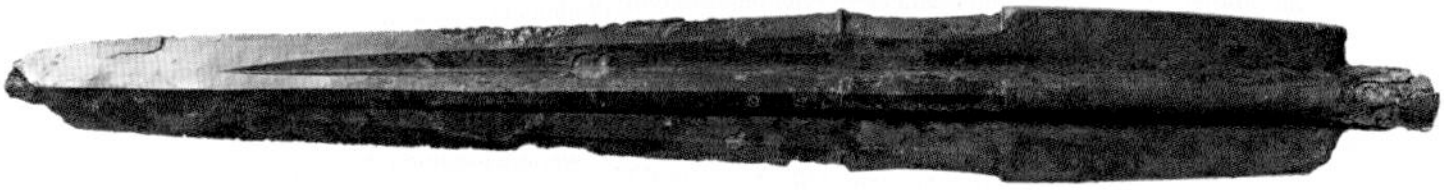

図15 ● 15号甕棺墓と出土した銅剣
墓坑は4.22m×2.79m。甕棺は発掘作業員とくらべてその巨大さがわかる。銅剣は残存長34.8cm。

詳細は不明だが、弥生時代後期のものである。棺底付近からはガラス小玉が一二六九個以上出土した（**図16左・右**）。ガラス小玉は直径二・五〜五・〇ミリ前後で、色調はスカイブルー。一連に数珠つなぎした場合は三メートル前後になる。

二〇号甕棺墓も後期の甕棺墓で、中期のものとくらべれば小型だが、成人棺といえるだろう。通常の甕よりも胴部に丸みをもつため、壺に近い形状をしている。この甕棺も残りが悪いので時期を詳細に判断できない。副葬品はガラス勾玉（**図16右**）と八二四点以上のガラス小玉（**図16左・左**）である。ガラス勾玉は全長四・八六センチの大型品で、弥生時代のガラス勾玉としては最大級である。現在は風化して半分以上が白くなっているが、本来は半透明の青緑色である。勾玉の頭部には3本の溝が刻まれており、いわゆる「丁字頭《ちょうじがしら》勾玉」といわれるものである。ガラス小玉の特徴は、一九号甕棺墓出土品とさほど変わらないが、二〇号のほうがやや鮮やかであ

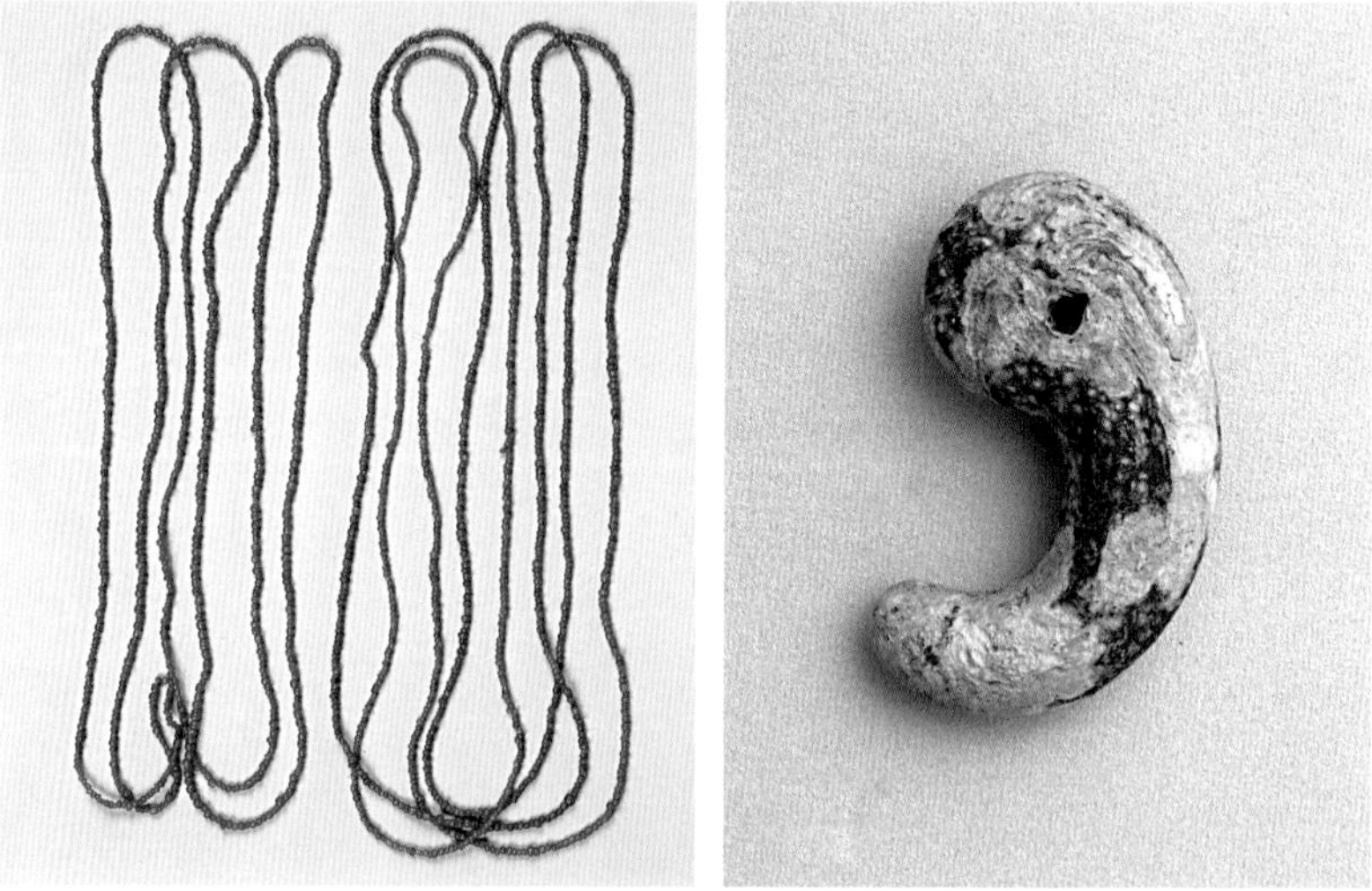

20号甕棺墓出土　19号甕棺墓出土　20号甕棺墓出土勾玉

図16●19・20号甕棺墓から出土したガラス小玉（左）**とガラス勾玉**（右）
弥生後期の甕棺2基からは多くのガラス小玉が出土した。20号甕棺に納められたガラス勾玉は全長4.86cmで、王墓の勾玉と並び、弥生時代最大級のものである。

る。紐に通せば二・三メートル程度になる。

また、この付近では、一九一八・一九年（大正七・八）ごろ、畑を耕していた時に数基の甕棺が発見され、そのうちのひとつから多量のガラス小玉が出土したといわれている。

このほか、副葬品ではないと思われるが、九号甕棺墓からは石剣の鋒が二点みつかっており、被葬者に刺さって折れた石剣と考えられる。

弥生後期の王族墓か

一次・二次調査の南側で一九八九年度に実施した六次調査では、甕棺墓一二基、土坑墓二基が出土した（**図17**）。そのほかは未調査のため不明だが、甕棺墓か土坑墓、あるいは木棺墓と考えられる墓坑二一基がある。

六次調査で注目されるのは、一号墓坑である。約五・七×四・五メートルの巨大な長方形で、五本のトレンチ（試掘坑）を入れた結果、墓坑の西辺側に、甕棺を据えた甕棺墓か、あるいはやや西側寄りに棺を据え

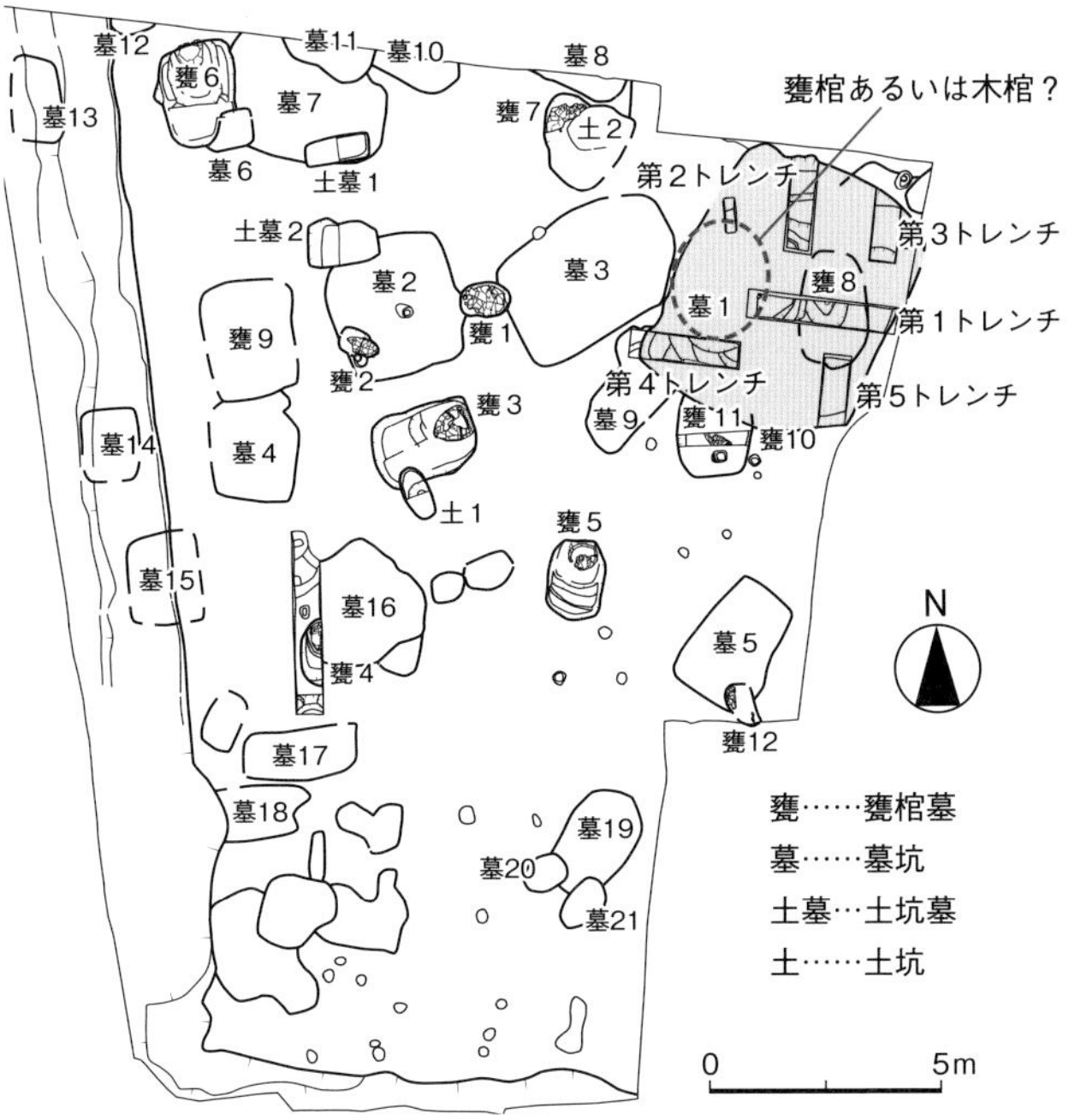

図17 ● 6次調査での検出状況
多くは発掘調査をせずに表面で検出したのみである。北東隅の1号墓坑は、大きさがほかの墓坑の倍以上あることがわかる。

た木棺墓の可能性があることがわかった。

なお、第一トレンチでは、成人棺と推測される八号甕棺墓が、一号墓坑掘削時に破壊されていた。時期判断の手がかりになる口縁部などが不明なため詳細な時期はわからないが、そのほかの特徴から弥生時代中期のものと考えられる。中期の甕棺墓を破壊することからすれば、一号墓坑は後期の墓であり、そして巨大な墓坑であることを考慮すれば、副葬品をもつ後期の王族墓である可能性がある。

墳丘墓の発見

一次・二次調査の東側、王墓の北西側に位置し、ゆるやかな丘陵尾根部に立地する場所で、一九九〇年度に七次調査がおこなわれた。発掘前の様子は、周囲とくらべて高まりなどはなく、平坦な地形であった。調査前にすでに甕棺の一部が確認されており、五〜一〇センチ掘り下げると、数基の甕棺が出土した。注目すべきは、この甕棺墓は自然の地面を掘りこんで埋めたものではなく、明らかに周辺調査地と状況が異なっていた点である。

そこで調査者の平田定幸《さだゆき》氏は通常よりも時間をかけて、ていねいに遺構を発掘したところ、版築状（色や質のちがう土を層状に積み重ね、突き固めて高く構築する工法）につくられた盛土に、甕棺墓一八基、土坑墓二基、そして数基の墓坑が掘られていることがわかった。発掘調査前に確認されていた甕棺が土地の削平によってみつかったものと考えれば、この甕棺が埋まっていた盛土の本来の姿は現地表面よりも一〜一・五メートルは高かったと推測される。なお、土層の重なり方を観察したところ、中央部付近が細かく築成されていた（図18）。

これらのことからこの盛土は、削平された墳丘ということがわかった。さらに墳丘の南側裾部には、全周しないものの溝がめぐることが明らかになった。

後世の開墾や建物の建築により墳丘は大きく削平されていたが、下部にすり鉢状をなす深さ約一メートルの掘りこみがあり、墳丘墓はこれを埋めて構築されていた。この掘りこみは、土器を多量に含む灰黒色土の層で埋まり、地山の土塊を多くふくむ墳丘盛土とは大きく異なる。このことから、すり鉢状の掘りこみは墳丘墓がつくら

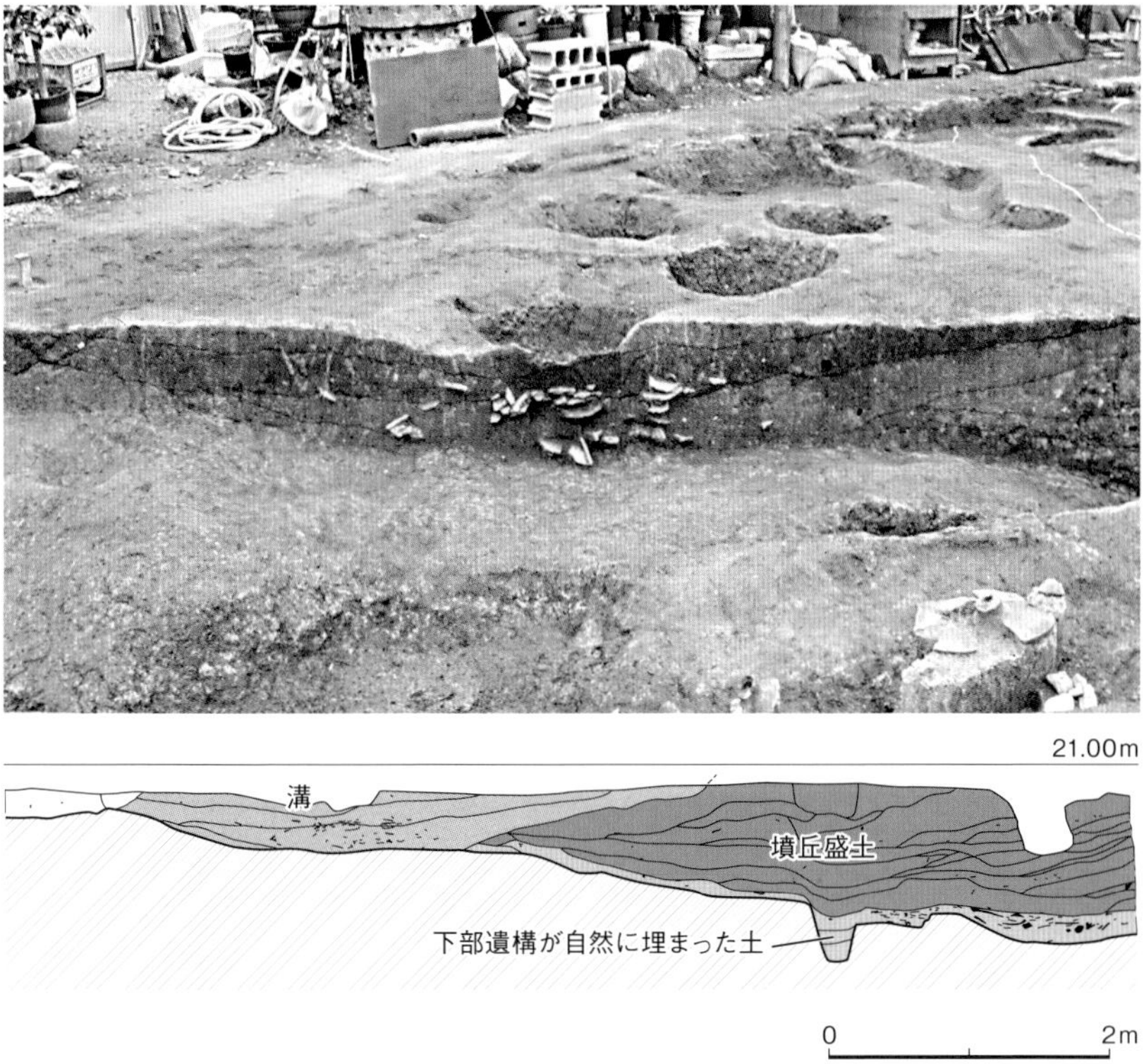

図18●溝・盛土と多くの土器片をふくむ下部遺構の土層断面（7次調査区）
下部遺構は、弥生時代中期後半以前の墳墓に関する遺構で、墳丘墓はこれを埋めてつくられた。

れる前に存在していた遺構（下部遺構）と考えられる。

　また、墳丘の南側裾部でみつかった区画を示す溝や隣接地の調査成果から墳丘を復元することができる。墳丘は一八×二五メートル前後の規模で、高さ二メートル以上であったと推測される。また、墳丘墓の位置や方向は、下部遺構（前時期の墳墓に関連する遺構とされている）との関係によって規制されたと推定できる。

　墳丘墓で確認した一八基の甕棺墓のうち、一〇基が完掘された。その結果、七・一〇・一二号甕棺墓の棺内に

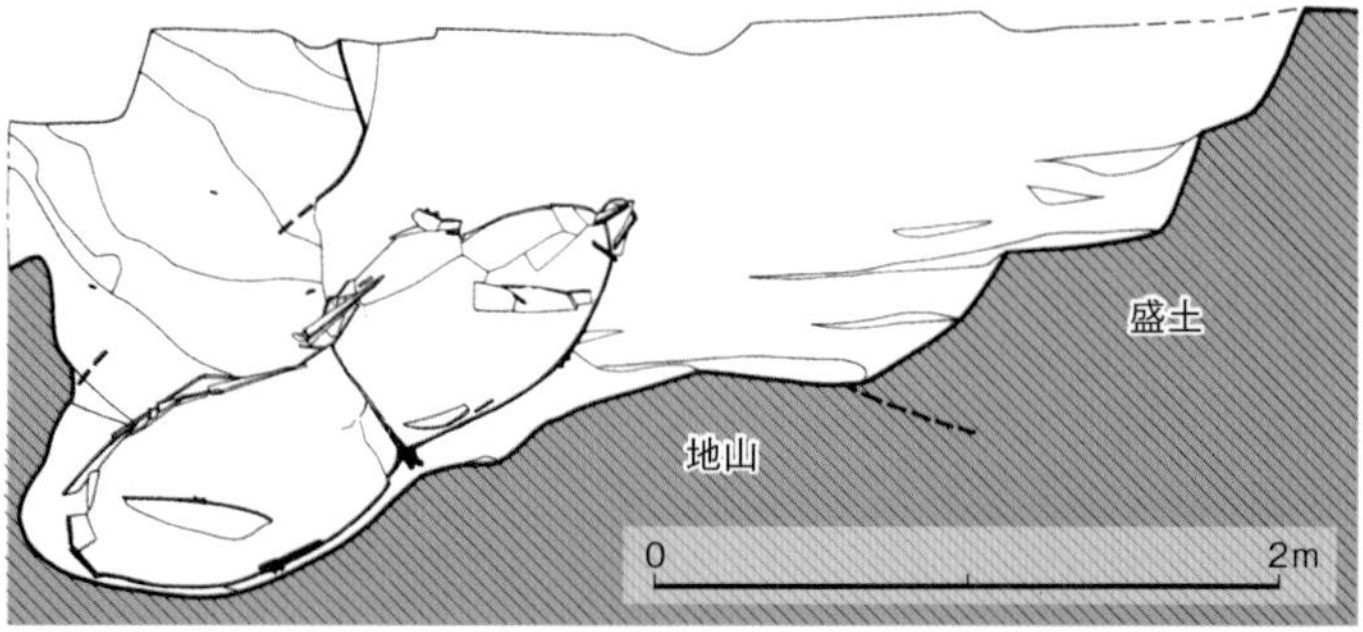

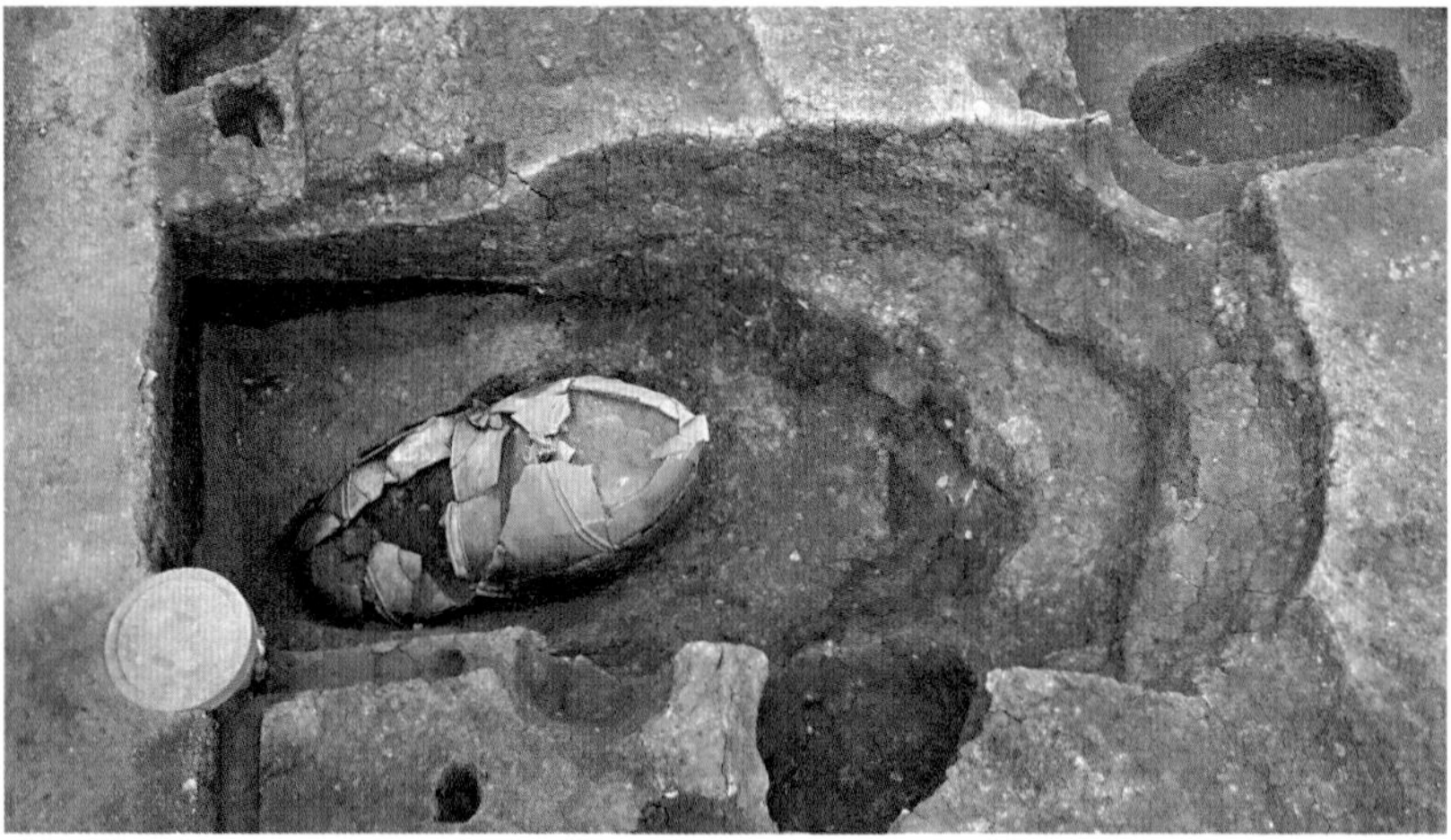

図19 • 7号甕棺墓の出土状況（7次調査区）
7号甕棺墓の墓坑はもっとも大きく、掘り込みは地山まで達する。

は水銀朱が施されていることがわかった。七号甕棺墓の平面形は二・九九×二・二四メートルの隅丸長方形、深さの残存値は一・八メートルであり、七次調査でもっとも大きい（図19）。一二号甕棺墓の平面形は二・三五×一・八八メートルの長方形で、深さの残存値は一・七メートルである。

また甕棺自体に注目すると、下甕（上下に合わせた甕棺のうち下側の甕）が七次調査で発掘されたもののうちもっとも大きいのは一〇号甕棺で、高さは一二四センチ、口径は八九センチにもなる。

墳丘墓で発掘された甕棺墓は、弥生時代中期後半〜末ごろの甕棺墓で、先述した須玖岡本王墓とほぼ同時期である。また、同時期の甕棺、とくに上甕は、口縁部を打ち欠いたり、あるいは甕ではなく鉢を使用したりする例が多いなか、七号甕棺墓は、上下の甕ともに口縁部を打ち欠いていない大甕を使用する。一〇・一二号甕棺墓についても、下甕にかなり大型の甕棺を使用する点が特徴的である。

副葬品については、未掘の甕棺墓にも副葬品がおさめられている可能性があるが、現時点では一点ずつの鉄器を副葬する七号甕棺墓（鉄剣）と一二号甕棺墓（鉄矛）しか確認されておらず、墳丘墓であることから考えれば、内容的にやや乏しいといえる。

前述したように、七次調査でみつかった墳丘墓と王墓はほぼ同時期であるが、副葬品の内容には格差が著しい。また、同じ墳丘墓であっても、王墓は墳丘に甕棺墓が一基だけ埋置される特定個人墓である一方、七次調査の墳丘墓は一つの墳丘に三〇基以上の墓が埋められた特定集団墓（王族墓）であったことは明らかである。このことは、有力な集団のなかから突出した人物（王）が出現したことを示している。

王墓の北側に眠る王族たち

須玖岡本遺跡岡本地区の北部には、一九二九年（昭和四）に京都帝国大学文学部考古学究室が発掘調査したＢ地点がある（図14参照）。一〇〇年程度の間に、地形は大きく改変され住宅地になり、その後は史跡地になったが、どのくらい地形が削られたのか、甕棺墓は残っているのか、どのくらいの深さに埋まっているのかなどは不明であった。

このため、二〇一四・一五年度にＢ地点の西側付近で二〇次調査を実施した。なお、二〇一四年度の調査は、筆者がかかわったために詳細に述べる。

まずは対象地の形状に合わせ幅二メートルのトレンチを十字形に、それを補うトレンチを四隅にひとつずつ設定した。なお、現地の古老によると、以前ここはいまよりも七〇センチほど地面が高かったという。

人力でトレンチを掘削すると、現地表面から二〇～七〇センチ前後掘り下げたところで遺構がみつかった。そのなかには甕棺墓の墓坑と考えられるものや、破壊された甕棺などがあった。ここではとくに一・四号甕棺墓について紹介したい。

一号甕棺墓は、１トレンチで出土した。盗掘されたのであろうか、徹底的に破壊されており、墓坑はほとんど残っていなかった。甕棺自体も掘り返され、埋め戻された穴のなかに、破片がバラバラに重ねられて投棄されており、原位置をとどめていたのは下甕の底部のみであった。このバラバラの破片を接合すると、大部分が復元できた大甕と、それとは違う大甕の口縁部が明らかになった。前者の大甕は原位置をとどめる底部の破片と接合するから、これは甕棺の下甕で（図20）、後者の口縁部片は上甕のものだろう。つまり、一号甕棺墓は、大甕の合口甕棺といえる。また甕棺の口縁部は「く」字状で肩部がはり、胴部には断面「コ」字状の突帯が二条つく。これらの特徴は、弥生時代後期初頭の甕棺の型式である。なお、甕棺の破片には朱が付着したものもあった。

京都帝国大学が調査したB地点の西側では、一九一七・一八年（大正六・七）ごろ、桑を植樹する際に約四〇個の甕棺と銅鏡二面（図21）、銅剣一本が出土したという。その後、銅鏡二面は朝鮮総督府博物館に収蔵されたが、現在は行方不明となっている。この銅鏡のうちの方格規矩鏡は、その特徴から弥生時代後期初頭のものと考えられる。

以上のことから、あくまで可能性になるが、弥生後期初頭の銅鏡が出土したB地点

図20●接合された1号甕棺の下甕
口縁部と胴部は接合しないが、高さは75cm程度であろう。胴部の下部と底部に孔があいている。

の西側というのは、二〇次調査の一号甕棺墓ではなかろうか。

慎重を期した甕棺墓の発掘

四号甕棺墓は、二〇次調査区の北東部の第8トレンチでみつかった（**図22**）。当初このトレンチは、長さ一〇メートル、幅二メートルの範囲で設定して掘りすすめていた。するとトレンチの中央部付近に大きな遺構、または複数の遺構が重なっているような部分がみられた。このため、その周辺を拡張して調査したところ、一部は現代の建物の浄化槽により破壊されていたが、平面が五・二×三・九メートルの長方形をした一つの遺構であることがわかった。

浄化槽の壁面で遺構の土層の重なりを確認したところ、床面は水平ではなく、西側にむかって深くなっており、最深部は現地表面から七〇センチ以上あることがわかった。また、このあたりの遺構検出面では上部が削られた甕棺墓もみつかっており、弥生時代に遺構が掘りこまれ

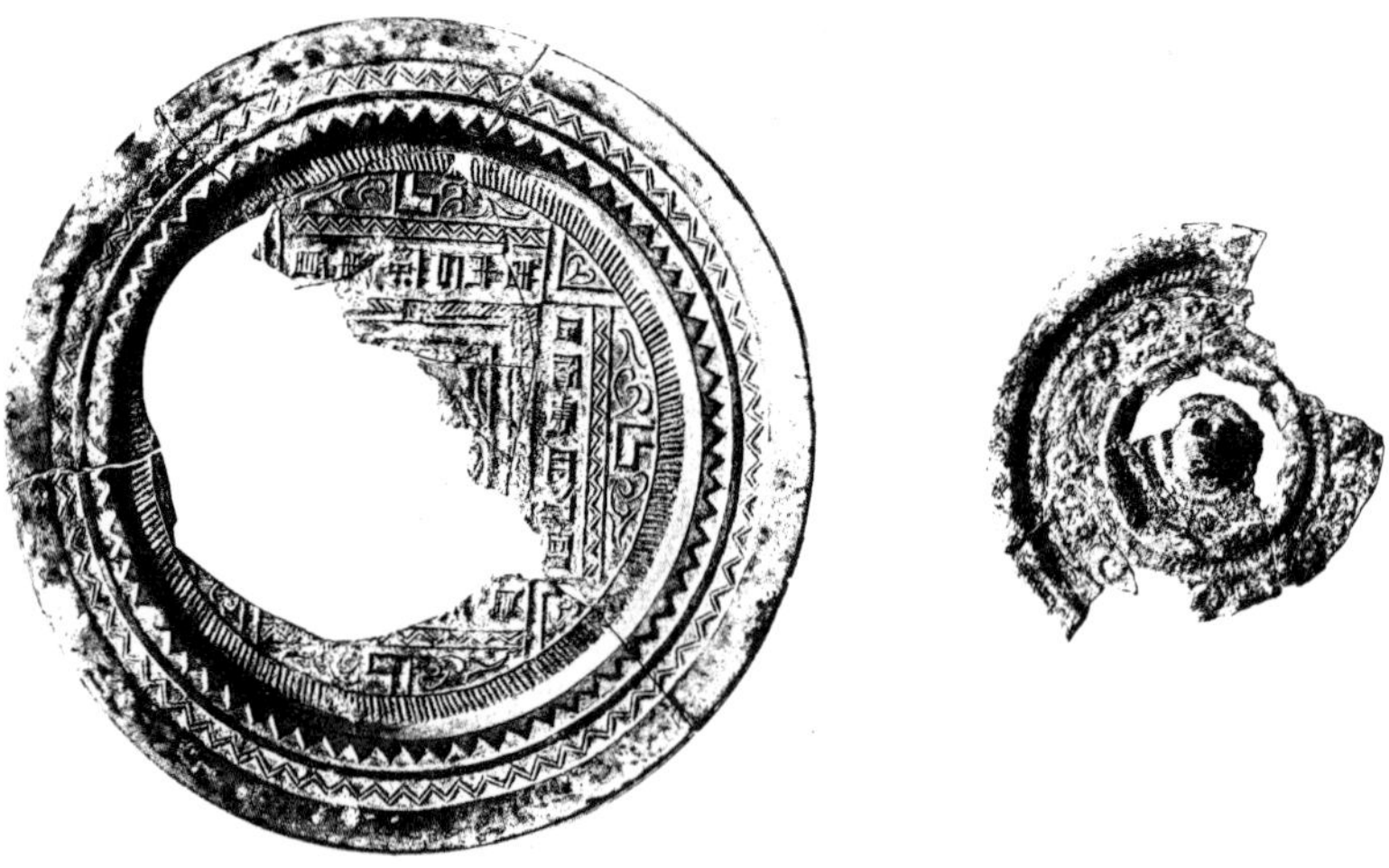

図21 ● 京都帝国大学調査区B地点の西側で採集された銅鏡
方格規矩鏡（左）と連弧文「日光」鏡（右）は弥生時代後期初頭の墳墓の副葬品であろう。

た面よりもかなり削られていることは調査からも明らかだった。

遺構は、発見された当初、その平面形や規模から竪穴住居跡の可能性も想定された。しかし、床面が水平ではないこと、さらに現在の地面は当時よりも七〇センチ以上削られているにもかかわらず、そこからさらに七〇センチ以上の深さまで遺構が達していることから、竪穴住居跡の可能性は否定された。

さらに決定的だったのが、遺構の北西壁から中央方向へ約八〇センチの地点で床面にぽっかりと穴が開いたことである。穴のなかを観察したところ、空洞になっており、ほぼ水平に埋置された合口の甕棺であることが明らかになった。近・現代の開発の影響かヒビや破損があり、棺内にはゴミなどが混じった土砂が流入していた。また、棺内には時折水が溜まっているようすが観察できた。

このようにして姿をあらわした最大級の墓坑をもつ甕棺墓からは、当然のことながら副葬品の発見が

図22●20次調査でみつかった4号甕棺墓
墓坑の長さは5.2mで、甕棺の墓坑としては最大級。下におりるときに利用したのか、右側の下部がステップ状になっている。

期待された。棺内に青銅器や鉄器などの副葬品があった場合には、棺内の環境が副葬品にどのような影響を与えるのかを判断してから追加調査するかどうか決めることになった。

地元民間業者の協力を得て金属探査をおこなったところ反応が出たため、奈良文化財研究所に環境調査を依頼した。その結果、棺内は水が溜まったりなくなったりをくり返す環境で、金属器の副葬品が納められていた場合、非常に悪い影響を与えることがわかった。この結果を受けて、二〇一五年度に再調査することになった。

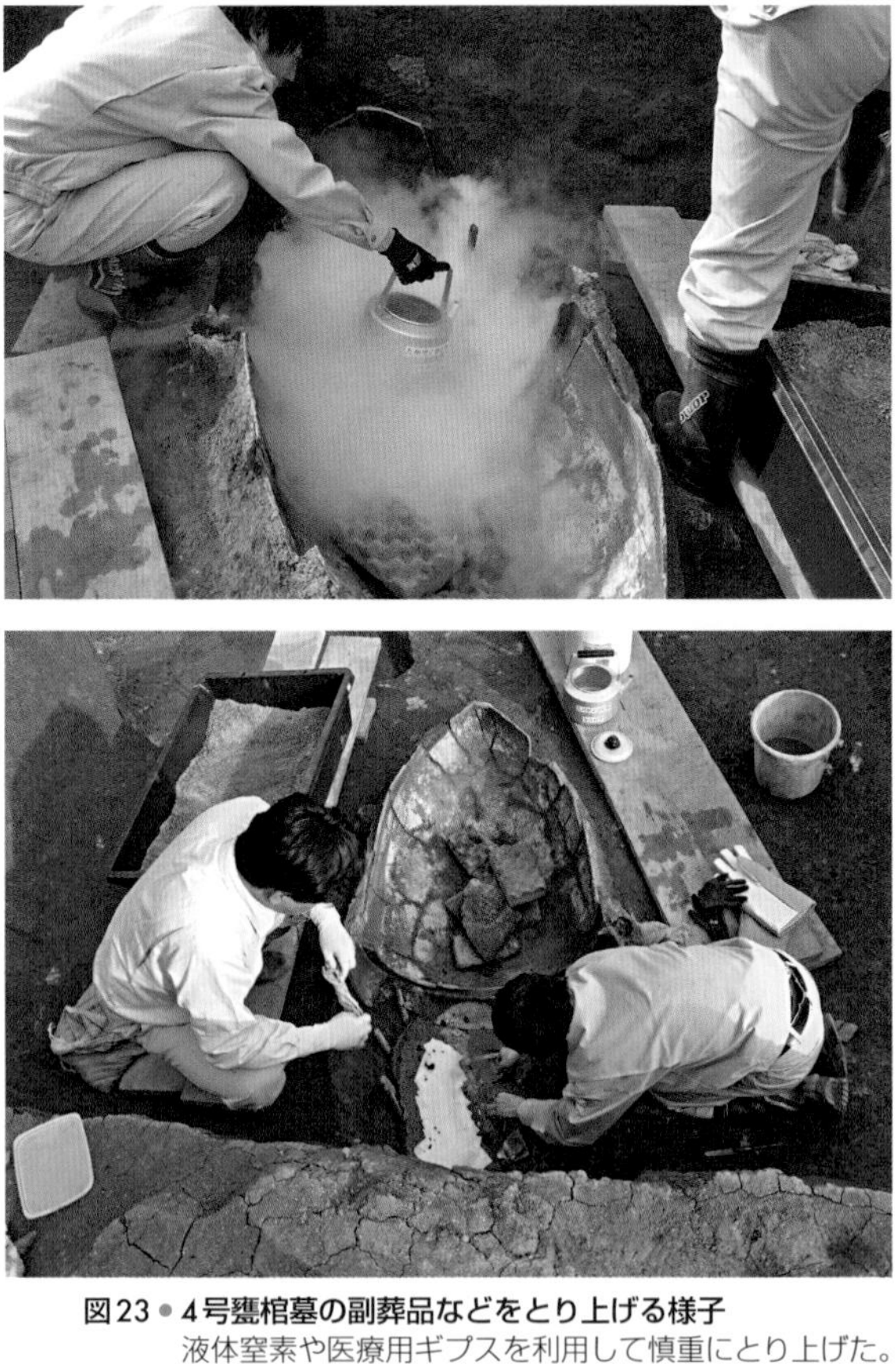

図23 ● 4号甕棺墓の副葬品などをとり上げる様子
液体窒素や医療用ギプスを利用して慎重にとり上げた。

王墓級の発見も期待されたため、再調査は専門家の意見を聞きながらおこなわれた。とくに甕棺墓発掘の経験が豊富な柳田康雄氏には、現地でたびたび直接指導いただいた。これにより、当時の人びとが墓坑を掘った時の鋤《すき》の痕跡や昇降のためのステップなどが検出できた。また青銅器の副葬が確認されたため、慎重に発掘することを優先し、九州歴史資料館、九州国立博物館などの協力をえて、液体窒素により甕棺の破片ごと冷凍固化して副葬品をとり上げ、室内での発掘をすすめた（図23）。そこにはCTスキャンなどの技術も利用された。

その結果、中細形《ちゅうぼそがた》銅剣や青銅製把頭飾《はとうしょく》（図24）、赤色顔料のほか、不明青銅製品、人の歯などが出土した。銅剣は鞘に納められたのではなく、表面に残る痕跡から絹と考えられる布に巻かれたことや、柄の取りつけに関係する付着物なども確認できた。また、青銅製把頭飾は福岡平野初の出土であった。そして、歯を分析したところ、被葬者が成年であったことがわかった。なお、そのほかの青銅製品については、劣化が激しく現在の技術で無理に取りださず、将来に託すこととなった。

四号甕棺墓は、王墓のような多量な副葬品はなかったが、須玖遺跡群が巨大化しはじめる時期の

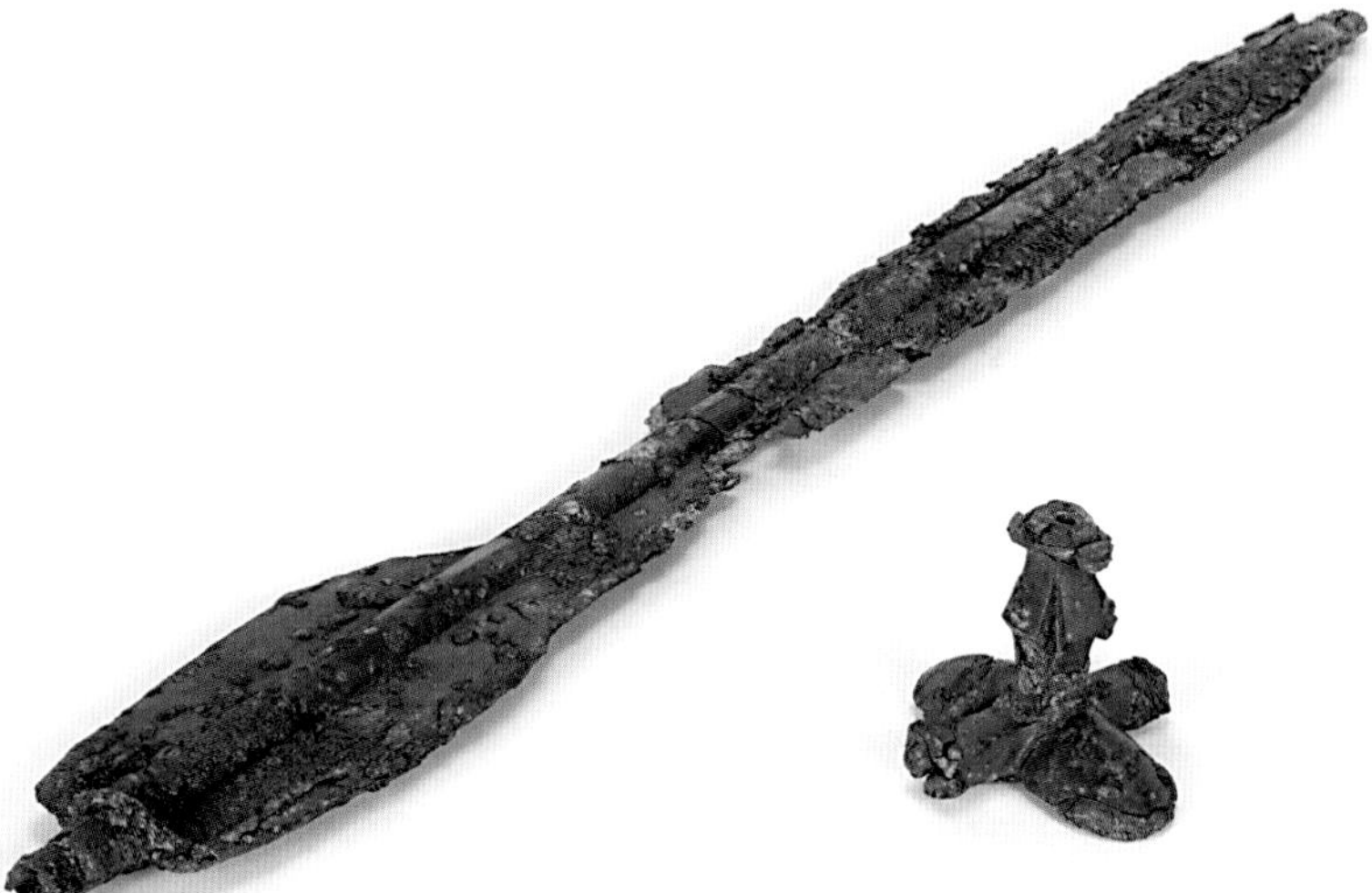

図24 ● 20次調査でみつかった４号甕棺墓の青銅器
この型式の中細形銅剣と青銅製把頭飾の出土は、
福岡平野では初めてであった。

王族墓であり、その調査方法も今後の指針となるものでたいへん貴重な調査となった。

3　後期の王墓は存在するか

金印奴国王と大夫

先に述べたように須玖岡本遺跡では、紀元前一世紀末（弥生時代中期末）の王墓が確認されているが、このほかには弥生時代の王墓とよべるような多量の銅鏡を副葬する墳墓はみつかっていない。

しかしながら、奴国には西暦五七年に後漢の光武帝から金印紫綬を下賜された王が存在する（以下、金印奴国王とする）。金印奴国王は奴国の王都である須玖遺跡群の中核、須玖岡本遺跡の周辺に居を構えていたはずで、さらに墳墓は中期末の奴国王や歴代の王族の奥津城《おくつき》である須玖岡本遺跡岡本地区に存在すると考えるのが自然である。

また、王ではないが、金印奴国王の使者として後漢におもむき「大夫」と名乗った人物がいる。福岡大学名誉教授で春日市奴国の丘歴史資料館名誉館長の武末純一《たけすえじゅんいち》氏は、『魏志』倭人伝に記された卑弥呼の使いである大夫難升米《なしめ》らが銀印青綬を下賜されているので、五七年の大夫も銀印青綬を下賜された可能性があるとしている。五七年の大夫は、日常は王の側に控える王族の一員で、墳墓は須玖岡本遺跡岡本地区に造営されたのだろう。その墳墓には、王に準ずるような銅鏡や武器、そして銀印が副葬されているかもしれない。

岡本地区の後期の墳墓

前節で書いたように、須玖岡本遺跡岡本地区では、副葬品をもつ弥生後期の王族墓がみつかっている。後世の攪乱を受けたり、未掘のものがあったりするため現在のところ王墓やそれに準じるような多量の副葬品をもつ墳墓は確認できていないが、後期墳墓が丘陵の西部に集中することからすれば、王墓もこのあたりで発見される可能性があるのではないだろうか。

また、一九五四年に、中期末の王墓の北側で地下げ工事がおこなわれ、多数の甕棺とともにガラス勾玉や管玉、塞杆状ガラス器、鉄剣などが採集されているので、まだほとんど発掘調査がおこなわれていないこの付近も、後期の王墓の候補地といえる。ただし、中期末の王墓の北八〇メートルにある県道南側の調査では、中期の甕棺墓や溝がみつかっているので、ここまではのびていないようである。

後期の王墓は、墳丘墓である可能性が高いが、現在、それを裏づけるような地形の高まりはみられない。ただし、先述したように中期末の王墓や七次調査墳丘墓はすでに墳丘の高まりはなく、基底部が残るのみである。後期の王墓も同じように後世に墳丘が削られてしまった可能性が高い。

ほかの遺跡の墳墓や墳墓以外からの検証

それでは、須玖遺跡群のほかの遺跡にある弥生後期の首長墓と須玖岡本遺跡を比較するとどうであろうか。まず、これまでにみつかっている後期の首長墓群の状況をいくつかみていこう。

立石遺跡

須玖遺跡群の南東部の立石遺跡は、春日丘陵東部の支丘陵に立地する（図4参照）。一九三四年（昭和九）の道路工事の際に、弥生時代中期の須玖式甕棺から細線式《さいせんしき》獣帯鏡《じゅうたいきょう》と青銅製鋤先《すきさき》が出土したと伝わるが、銅鏡の年代的な特徴からすれば、弥生時代後期の甕棺であったと考えられる。なお、詳細な出土地は明らかでない。銅鏡、鋤先は、現在、東京国立博物館の所蔵である。また、当地が米軍キャンプになった後、銅鏡などの採集地点の南側では、中細形銅剣が採集されている。

さらに一九九九年度、立石遺

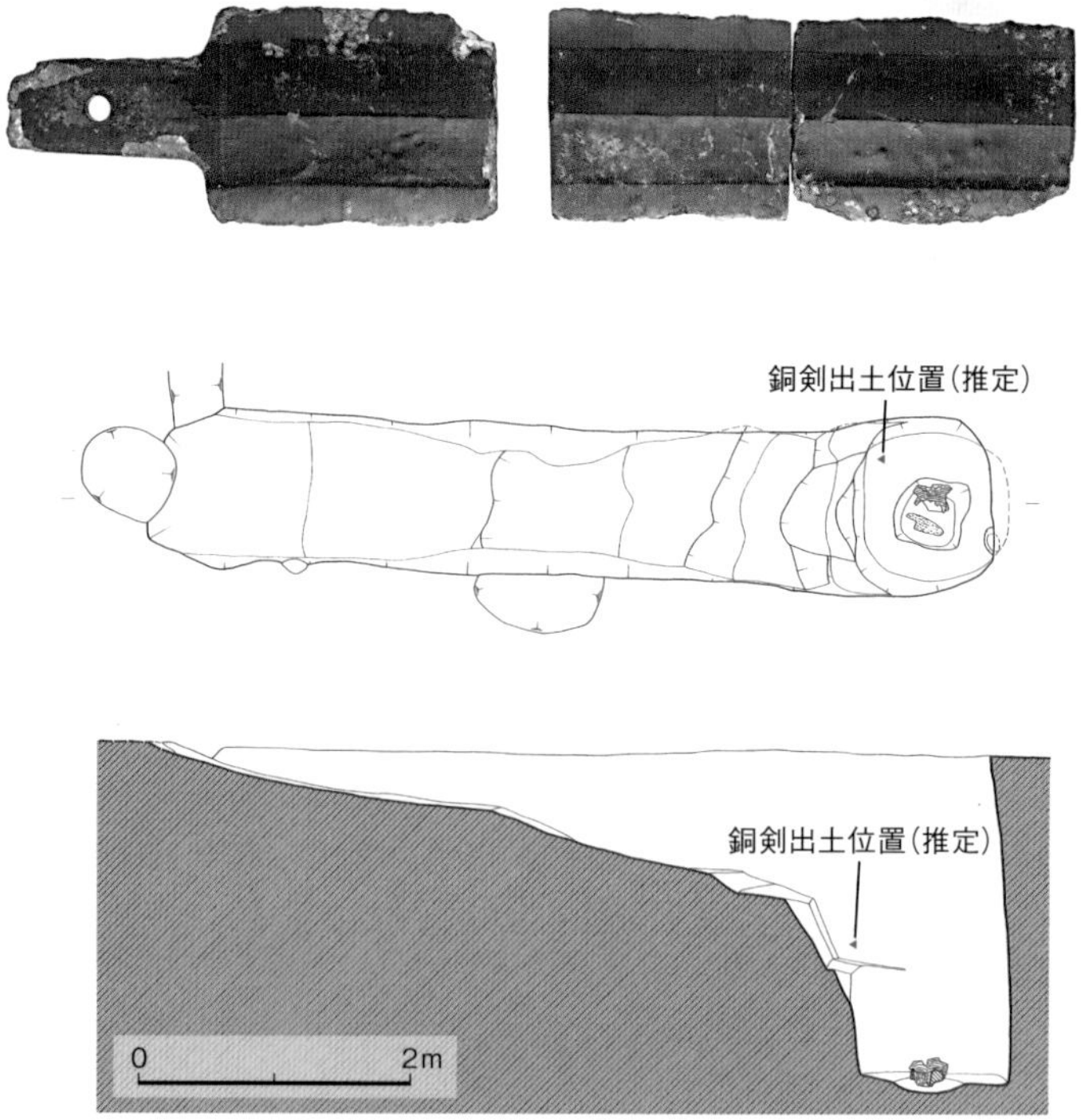

図25 ● 墳墓祭祀に関連する遺構と出土した戦国式系銅剣（立石遺跡）
大柱遺構は、巨大な柱を立てるためのスロープと柱穴が組み合わさった遺構である。3号大柱遺構は、全長が6.2mを超え、復元される大柱の直径は60cm。戦国式系銅剣は、3片に折られ柱穴部から出土した。

跡の丘陵北端部付近を発掘調査したところ、弥生時代中期の甕棺四基とともに後期の土坑墓二六基、石蓋土坑墓、木棺墓がみつかった。後期の墳墓の約三分の一に水銀朱が検出されたほか、土坑墓や木棺墓のなかには、一〜数点のガラス小玉、石製管玉、石製勾玉、鉄鏃を副葬するものがあった。また、古墳時代の円墳の盗掘坑からではあるが、後漢鏡の鏡縁片も出ており、消滅した後期の首長墓があった可能性がある。

さらに、立石遺跡の調査では墳墓の祭祀に関連する大柱遺構四基もみつかっている。このうちの三号大柱遺構からは、類例のない戦国式系銅剣《せんごくしきけいどうけん》が三片に折られた状態で出土しており（**図25**）、なんらかの祭祀行為がおこなわれていたことがわかる。

なお、立石遺跡の立地する丘陵下方には、古代の官道として知られる先《さき》ノ原《はる》遺跡がある。奈良時代を中心とする遺跡だが、丘陵裾部には弥生時代の遺跡も確認されており、これらは立石遺跡にふくめてよいと考えている。

一九九一年度の三次調査では、溝状の遺構から完形に近

図26● 先ノ原遺跡での鉄剣出土時の様子
長大な鉄剣のかたわらからは完形に近く復元できる複合口縁壺が出土した。

く復元できる弥生時代後期前半の土器とともに全長九二センチの鉄剣が出土した（図26）。これらの遺構・遺物がどのように使われたのか詳細は不明だが、墳墓にせよ祭祀遺構にせよ、特殊な遺構であることが推察される。

松添遺跡

つぎに松添《まつぞえ》遺跡である。須玖遺跡群の中央やや南東よりにあり、近くには弥生時代前期の墓地として著名な伯玄社遺跡がある（図4参照）。二〇〇〇年度の二次調査では、丘陵下部から裾部にかけて甕棺墓五八基、土坑墓二〇基を調査した。甕棺墓は弥生時代中期のものが主体だが、わずかに後期のものもあり、木棺墓をふくむ土坑墓は後期と考えられる。土坑墓二基にはガラス小玉が副葬される。

ここで注目されるのは、鎌倉時代以降の水田をおおった周辺部からの流出土にふくまれていた二面の銅鏡である（図27）。銅鏡は二面が合わさった状態で出土し、表面はほとんど痛んでおらず、朱も付着していた。墳墓に副葬されていたものがなんらかの理由で外に流出したものの、さほど移動しなかったため

図27 ● 合わさった状態で出土した2面の銅鏡（松添遺跡）
方格規矩鏡（左）と内行花文鏡（右）が2面副葬されるような弥生時代後期の首長墓があったことは間違いない。

にこのような状態で発見されたと考えられる。さらに銅鏡の破断面は磨滅していないことから、一つの墳墓に完形品の銅鏡が二面一緒に副葬されていたと推察できる。

宮の下遺跡

宮の下遺跡は、須玖遺跡群南西部にある（**図4参照**）。南北にのびる小丘陵の北端部とその裾部にある墓地で、丘陵上には弥生時代中期の甕棺墓があり、道路で分断された北側裾部には、おもに後期の墳墓がつくられている（**図28**）。なお、道路建設時には、多くの甕棺墓が未調査のまま失われたが、この時に銅鏡片が採集されている。一九八八年度の一次調査、一九九二年度の二次調査では、後期の墳墓が多くみつかった。一次調査では一号石棺墓にガラス管玉約三〇点、二次調査では二号土坑墓に鉄鏃、三号石蓋土坑墓に鉄器、七号土坑墓にガラス勾玉が副葬されていた。

図28 ● 丘陵裾につくられた弥生時代中〜後期の墳墓群（宮の下遺跡）
1〜4次調査では、甕棺墓・土坑墓・石棺墓など弥生時代中・後期の墳墓が約150基確認されている。

なかでも一次調査でみつかった一五号甕棺墓は、盗掘を受け甕棺の残りは悪かったが、多くの副葬品が残存していた（図29）。虺龍《きりゅう》文《もん》鏡片のほか、鈕がつくボタン状の円形銅製品五点が出土している。直径六センチの仿製鏡に似ているが文様はなく、銅鏡とは異なり凹面になっている。ほかに鉄剣片が出土する。これらの状況から、一五号甕棺は弥生時代後期前半の首長墓と考えられる。

　以上のように、須玖遺跡群における須玖岡本遺跡以外の遺跡のうち、後期の墳

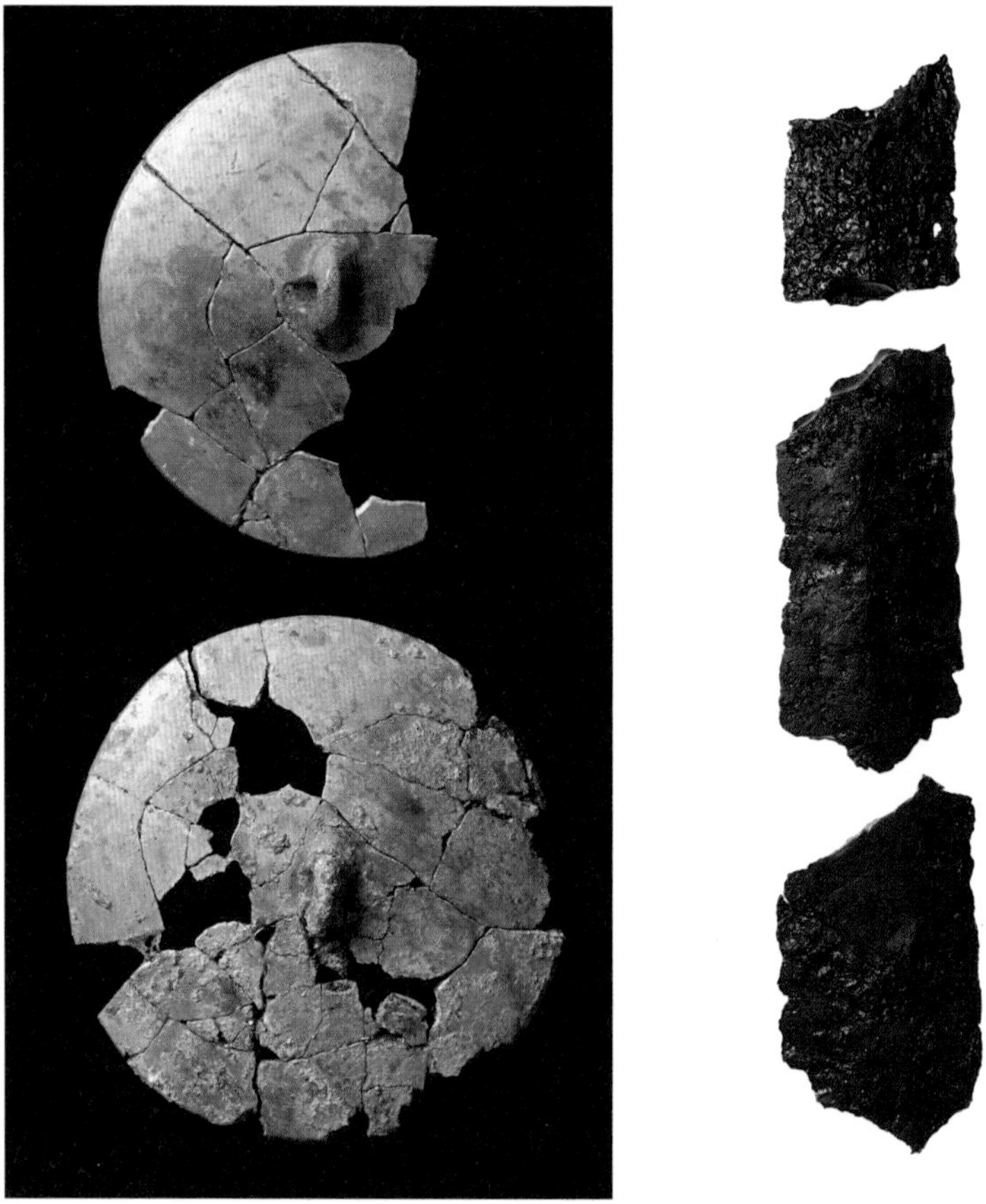

図29 ● 15号甕棺に残っていたボタン状の円形銅製品と鉄剣片
銅鏡、円形銅製品、鉄剣を副葬した後期の甕棺墓である。盗掘がくやまれる。

墓から銅鏡が出土した三遺跡を紹介した。残念ながら、盗掘を受けるなどしたために、副葬品の詳細はわからない。しかしながら、確実にこれらの墳墓には銅鏡が副葬され、なかには二面副葬するものや、それに準ずるような青銅器をもつものがあり、さらに前例のない銅剣や鉄剣を祭祀に使う墓地があることなどから、首長層の墓地のなかでも比較的高いクラスの墓地であったと考えられる。

ここでふたたび、弥生時代後期の奴国王墓の所在について考えてみると、中期末の奴国王墓がある須玖岡本遺跡岡本地区では、後期の墳墓に副葬されたと考えられる銅鏡は、大正年間の二面の採集品や混入品である夔鳳鏡しかなく、王墓の副葬品と断定できるような資料はみつかっていない。しかしながら、後期の須玖岡本遺跡自体は王族墓や集落が営まれ、首長墓の墓地があった立石遺跡、松添遺跡、宮の下遺跡とくらべても、規模を縮小することはなく、見劣りもしない。むしろ、後述するように銅矛を中心とする青銅器生産は、終末期にいたるまで須玖岡本遺跡で活発におこなわれている。それらの青銅器工房を管理した歴代の奴国王は、やはり須玖岡本遺跡周辺に存在したと考えた方が自然である。

その一人が金印を下賜された奴国王ということになろう。今後の調査により、須玖岡本遺跡岡本地区で弥生時代中期末の奴国王のように漢鏡を二〇～三〇面副葬する墓がみつかる可能性はある。王墓が代々つづかないまでも、大首長クラスの銅鏡を数面副葬する墳墓がいつかみつかるのではないだろうか。

第3章　奴国の王宮にせまる

1　王宮はどこに

ここまで、王墓や王族墓から奴国の王都・須玖遺跡群にせまってきた。ここでは、これまでみつかっていない奴国の王と王族の居住域（以下、王宮とする）について推理してみたい。

須玖遺跡群の集落と墓地から推理する

先に示した須玖遺跡群の遺跡分布（**図4参照**）をみると、集落の近くに墓地が隣接する例があり、大きな墓地は複数の集落の共同墓地と考えられる。これを参考にすれば、王宮も王と王族の奥津城である須玖岡本遺跡岡本地区に隣接する可能性が高い。

王宮のある地形は想像の域を出ないが、たとえば見晴らしの良い高台や広い空間を確保できる平地が考えられる。高台については、須玖岡本遺跡岡本地区南方の岡本山地区がある（**図**

4・31参照)。岡本山地区の中心部は、現在奴国の丘歴史公園として整備されており、公園化前の発掘調査や、その周囲でも確認調査がおこなわれ、この地区が一般民衆の墓地を中心とする遺跡であることが確認されている(図30)。

なお、奴国の丘歴史公園の北側にある岡本公園は、発掘調査でかなり削られた弥生時代中期前半の甕棺墓と溝が確認されたことから、本来の地形は現在より二メートル程度高かったと考えられる。溝は甕棺墓をかこむ可能性があり、墳丘があった可能性もある。ただし、岡本地区の墳墓と比較すると規模や副葬品の内容は劣る。このように、岡本地区南方の岡本山地区の遺跡は墳墓が中心で、今後、王宮が確認される可能性は低い。

つづいて、高台である岡本地区の北〜西方に隣接する一段低い平地に広がる遺跡を検証する。まず、西方の須玖タカウタ遺跡は、広範囲にわたる遺跡で、弥生時代中期前半〜中ごろの甕棺墓地や、後述する

図30●岡本山地区でみつかった一般民衆の墓地
甕棺墓が116基以上、土坑墓・木棺墓9基、未掘の墓坑130基以上と祭祀土坑7基が確認された。

ような中期前半の青銅器生産遺跡が調査された。未調査部分が多いため、今後王宮が発見される可能性はゼロではないが、発掘調査や試掘調査で明らかになった遺跡の性格を考えれば王宮が存在する可能性は低い。

さらに北側の須玖岡本遺跡坂本地区は、奴国の官営工房とも称される弥生時代後期の青銅器生産遺跡である（67頁参照）。青銅器工房域の広がりはおおむねわかっており、ここに王宮がある可能性も低い。

2　最有力候補の遺跡

須玖坂本B遺跡

最後に岡本地区北端部と接し、坂本地区のさらに北側に位置する須玖坂本B遺跡を検討したい。現在、当遺跡は春日北小学校となっている。このため遺跡の中心部は調査されていないが、施設の建てかえなどで縁辺部の調査がおこなわれている（図31）。

ここでは弥生時代中期前半～後期の遺跡がみつかり、須玖岡本遺跡坂本地区に準ずるような青銅器生産関連遺物や天秤権《てんびんけん》（分銅）、貨泉《かせん》（新の王莽《おうもう》が西暦一四年から鋳造した貨幣）、漢式三角鏃などが出土する（図32）。また、学校造成時に削られたため残りは悪いが、青銅器工房と考えられる建物跡もあり、通常の集落遺跡と異なる様相をもつ。

とくに一・四次調査で四〇メートル以上にわたりみつかった大溝は興味深い。東西方向に直

図31 ● 須玖坂本B遺跡1次調査区（上）と周辺遺跡（下）
須玖坂本B遺跡は、中心部は未調査であるものの、周縁部の調査はおこなわれている。南側はかなり削平されるが、北側には遺構の上に遺物を含んだ堆積層が残る。

線的にのびる幅四〜五メートルの溝で、大きく削られるが本来の深さは一メートル以上であったと推測できる。未掘部分があり、古墳時代の溝とも位置が重なるため評価はむずかしいが、中央付近には陸橋状の通路があったと考えられる。

大溝は王墓・王族墓のある岡本地区と須玖坂本B遺跡の境にある。大溝からは、青銅器生産関連遺物や天秤権、貨泉が出る一方、墳墓にともなう祭祀土器はほとんどないことから、岡本地区の墓地に関連する溝ではないことは明らかである。また、土層の重なりを観察すると、北側から流れ込んだか、あるいは埋めたような土砂の堆積を確認できる。

一九五七年の小学校造成時の様子を観察していた九州大学の鏡山《かがみやま》猛《たけし》氏によると、小学校の敷地内には住居跡や環溝の可能性がある大溝がみられたという。鏡山氏のみた溝と須玖坂本B遺跡一・四次調査の大溝が関連するかどうかが興味深い。また、住居跡の存在は当遺跡が居住域であることを物語っており、大溝が須玖坂本B遺跡のなんらかの施設をとりかこむ可能性を示唆する。

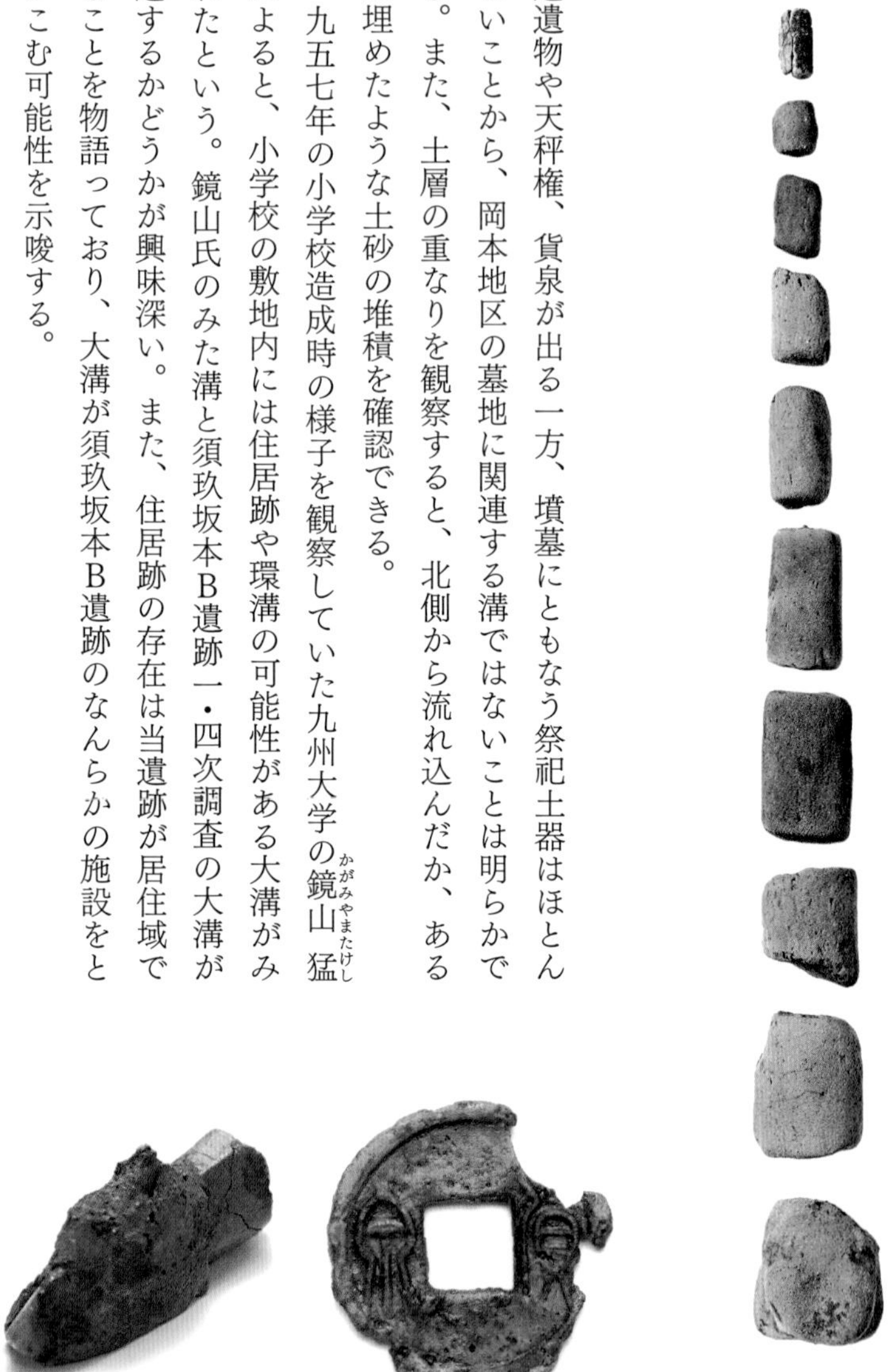

図32 ● 須玖坂本B遺跡の出土品
弥生時代中後期の青銅器鋳型や銅矛中型、鞴（ふいご）送風管などの青銅器生産関連遺物や、重さをはかる権、漢式三角鏃や貨泉など大陸・半島からもち込まれた青銅製品もある。

須玖坂本B遺跡の周辺環境

須玖坂本B遺跡は、春日丘陵北端裾部に広がる低地に立地する。遺跡西側を北流する諸岡川は遺跡の北西隅で東へと流れを変える。当時の諸岡川の流れは不詳だが、本遺跡の北と西側は諸岡川と「L」字状に接する（図31参照）。現在は小学校となっているが、それ以前は水田で、本来の地形は北にゆるやかに下がる広く平坦な空間地であったという。まさに王宮を構えるにふさわしい場所といえる。後背部には、墓地があり、大溝が切れた部分から行き来できる。

本遺跡は弥生時代中期前半から確認されているが、この中期前半は須玖遺跡群が拡大する時期でもある。また、同時期には岡本地区に銅剣などを副葬する王族墓もつくられている。

すでに述べたように、調査は遺跡の周縁部を中心におこなわれ、中期〜後期前半くらいの青銅器生産関連遺物や、時期が不詳だが工房と考えられる遺構もある。今後、遺跡中央部の調査で居住域が確認され、その周辺部のみに青銅器工房があれば興味深いが、どうであろうか。

以上のことから考えても、須玖坂本B遺跡が王宮推定地の第一候補といえる。二〇二一年一二月、春日北小学校の運動場で遺構の有無を確認するため、地中レーダー探査を実施した。奈良文化財研究所の金田明大《あきひろ》氏の指導の下、春日北小学校六年生と協動でおこなった。分析では、溝や建物らしき反応があり、発掘調査による確認が待たれる。

今後一・四次調査で検出した南側の大溝はなんらかの施設をめぐるのか、あるいはさらに別の溝があるのか、そして王宮となる大型の掘立柱建物や大型竪穴住居、倉庫群や望楼などが明らかになることを期待したい。

第4章　弥生時代のテクノポリス

1　圧倒的規模の青銅器生産

須玖遺跡群の青銅器生産

弥生時代の青銅器生産に関連する遺物の代表的なものは鋳型である。北部九州の鋳型は、土製鋳型が使われた近畿などとは状況が異なり、ほとんどが石製である。青銅器生産の初期段階は、朝鮮半島の鋳型にもみられる軟質で暗赤褐色の滑石《かっせき》系の石材のほか、石英長石斑岩《せきえいちょうせきはんがん》とよばれる硬質で乳白色の石材が併用される。滑石系の鋳型は、中期に使用され、ごくまれに後期初頭までみられるが、徐々にその数を減じてほぼ石英長石斑岩製の鋳型だけになる。

石英長石斑岩製の鋳型は、江戸時代に偶然出土しており、神社の御神宝として銅矛などの鋳型が現在まで伝わっている（**図33**）。また、岡本地域の古老からの「大きな鋳型（広形銅戈か？）が道の隅に置かれていたので腰かけていたが、いつの間にかなくなってしまった」、

図 33 ● 皇后峯出土の銅矛鋳型
寛政年間に岡本の熊野神社近くの皇后峯〔こうごうみね〕で出土したと伝わる。
二つを合わせる連結式の鋳型で、合わせた長さは 85.6 ㎝（重要文化財）。

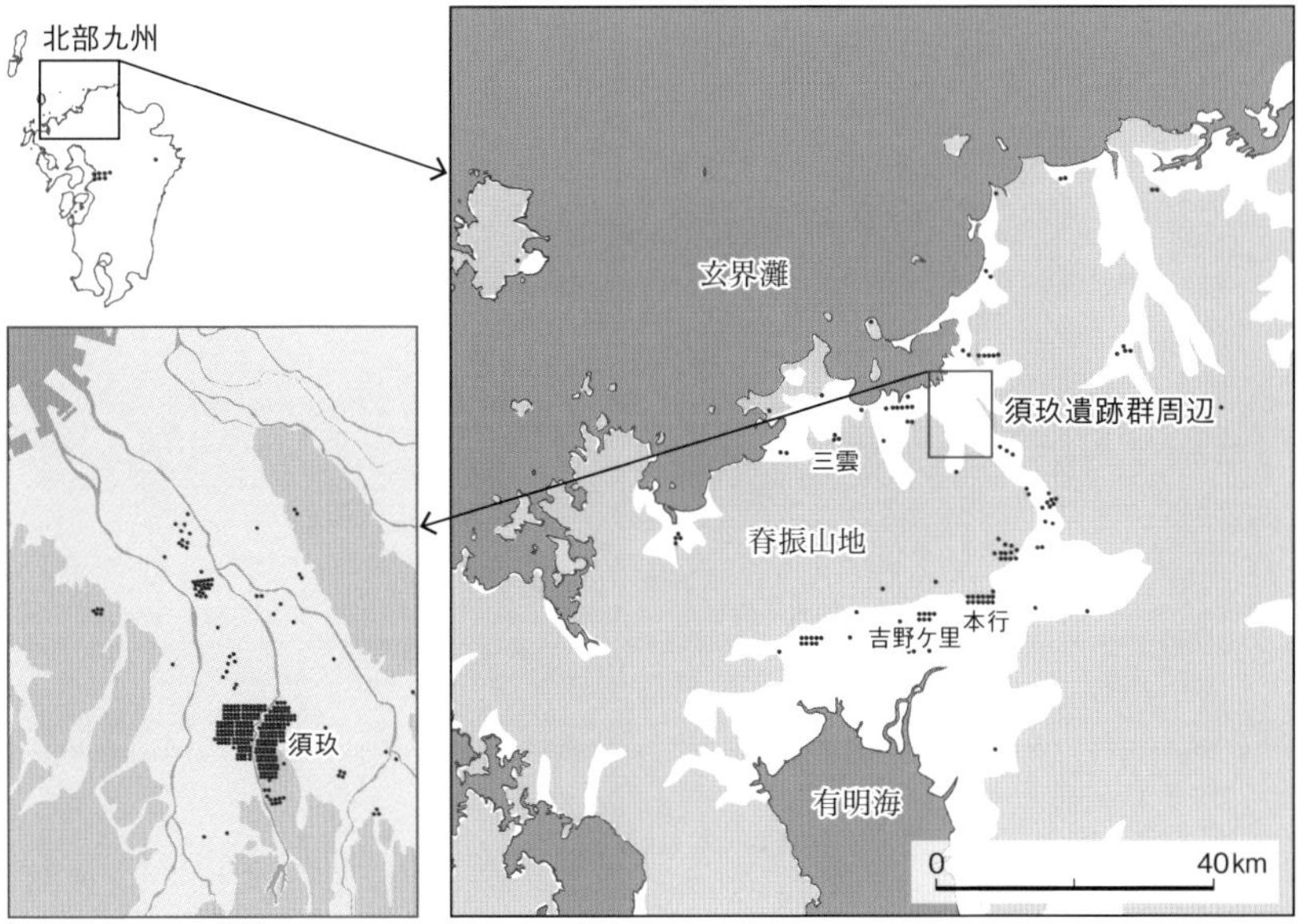

図 34 ● 北部九州における青銅器鋳型の分布状況
完形品から小片までさまざまな鋳型があるが、
須玖遺跡群に分布が集中することがわかる。

「(武器)型が彫られていたが、砥石として使ってしまった」との話が伝わっている。

鋳型には、先述した神社の御神宝のような、連結すると八〇センチを超えるような大型のものから、消しゴムのように小さな破片まで、さまざまな大きさのものがみつかっている。これら大小を合わせると北部九州では四〇〇点以上の鋳型が出土している(**図34**)。なかでも福岡平野と筑紫平野に分布が集中しており、前者からは約三〇〇点が出土する。須玖遺跡群周辺では二三〇点以上がみつかっており、これは北部九州出土鋳型の半数以上となる。いかに須玖遺跡群で青銅器が生産されたかを知ることができる。

さらに、須玖遺跡群は、石製鋳型以外の青銅器生産関連遺物の出土数や種類でもほかの遺跡を圧倒する。銅矛や小銅鐸などの中空部を作り出すための真土《まね》製《せい》の中型《なかご》(中子)(**図35**)、青銅を溶かすための器である坩堝《るつぼ》、坩堝を据えるための坩台《かんだい》、炉の温度を上げるために使用する鞴《ふいご》の送風管、青銅の滓《かす》や原料と考えられ

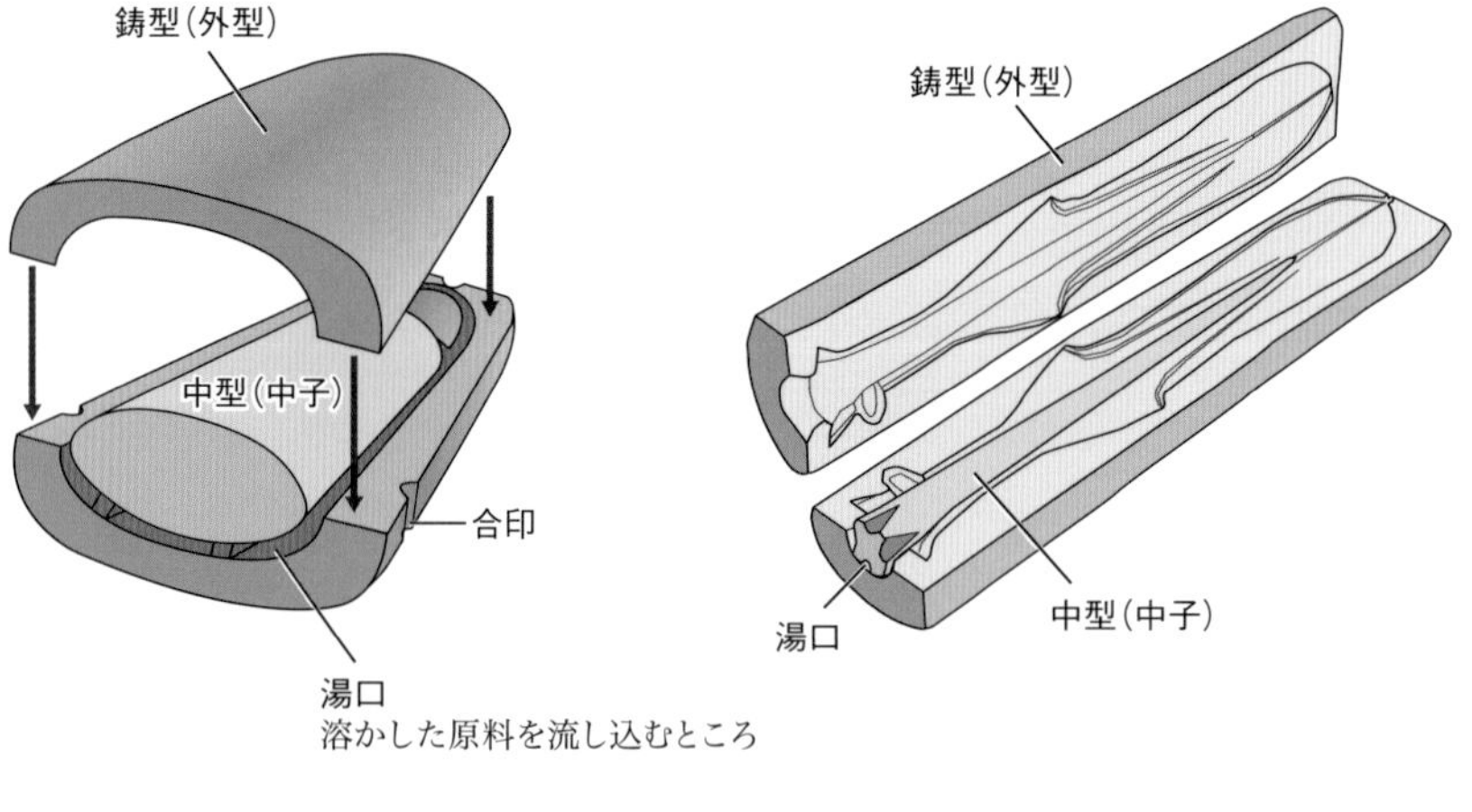

図35 ● 鋳型の構造
青銅器の中空部は二つの鋳型に真土製の中型をはさみ、鋳造後に中型が取り出された。ただし、柄をつけなくなった中広形銅矛や広形銅矛は中型をとり出していない。

る青銅塊なども出土する（図36）。

とくに銅矛中型は、銅矛の鋒部（先端）側の細いものから節帯《せったい》（柄に装着する部分）側の太い湯口《ゆぐち》部までの破片がある。また、銅矛中型の横断面形は円形に近いものから楕円形、凸レンズ形のものまであるが、これはさまざまな型式の銅矛がつくられていたことを意味する。さらに、青銅が付着したり、痘痕《あばた》状に焼けたり、複数が溶着したりする個体や、見た目は未使用にみえるが、理化学的な分析で青銅の成分が検出された個体もある。これらの個体は、実際に鋳造に使用されたことを示す。

銅矛中型は、須玖遺跡群では北部の遺跡を中心に大小七〇〇点以上が確認されている。このように銅矛中型が多量に出土する例はほかにはなく、多くの銅矛がこの地で生産されたことがわかる。

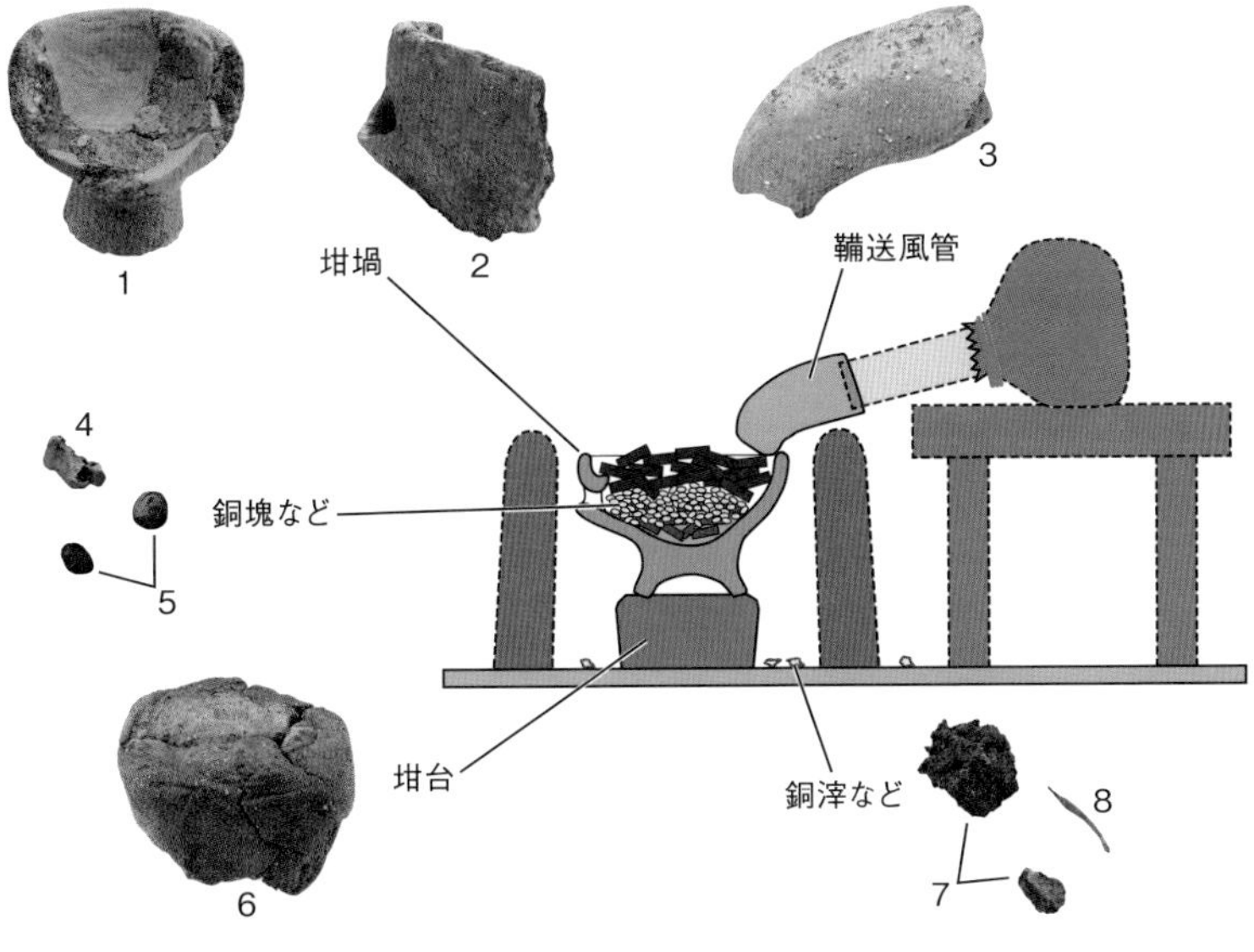

図36 ● 溶解炉の復元案
出土した坩堝、鞴送風管、坩台などのほか、工房跡の状況から考えた復元案。破線部分は未確認。なお、弥生時代は坩堝と取瓶（とりべ）の使い分けはなかったと考えており「坩堝／取瓶」と記述してきたが、今回は坩堝に統一する。

須玖永田Ａ遺跡の青銅器工房

ここからは青銅器が生産された工房跡についてみてみよう。須玖永田Ａ遺跡は、春日丘陵北側に広がる低地に立地する（図4参照）。須玖永田Ａ遺跡の調査前までは、低地には遺跡はないと考えられていたが、試掘調査の結果、弥生時代後期中ごろから終末期を中心とする遺跡がみつかった。掘立柱建物跡や井戸、溝などが調査され、各遺構や包含層からさまざまな青銅器生産に関連する遺物が出土した。

南部でみつかった溝7とその東の土器溜《だ》まりからは、それまで出土例がなく、国内での生産の確証がなかった小形仿製鏡の鋳型二片が出土し（図37左）、日本の青銅器生産の歴史を考える上でこの発見の意義は大きかった。また、銅鋤先《すきさき》の中型の出土も日本初であった。

石英長石斑岩製の鋳型は、鋳型としての役割を終えたあとは、分割され砥石として再利用されることが多い。砥石は集落外へ運ばれる可能性があるため、鋳型の出土地点＝青銅器工房とは必ずしもいえない。それに対して、

図37 ● 須玖永田Ａ遺跡出土の小形仿製鏡鋳型（左）と想定される銅鏡イメージ（右）
小形仿製鏡、小銅鐸、銅矛の鋳型や中型が出土した。この鋳型からは、須玖唐梨（とうなし）遺跡から出土している仿製鏡（右）のような鏡がつくられたと考えられる。

銅矛中型、坩堝、鞴送風管、銅滓などは再利用できないため、必要がなくなればその場、あるいは近くに廃棄されるはずである。とくに、須玖永田A遺跡のようにさまざまな種類の青銅器生産関連遺物が多量にまとまって出土する遺構は、青銅器工房かあるいはその近接地に青銅器工房が存在する可能性が高い。

また、調査区北東部でみつかった一五号掘立柱建物跡が注目される（図38）。ほかの掘立柱建物跡が一×一間もしくは一×二間なのに対し、一五号掘立柱建物

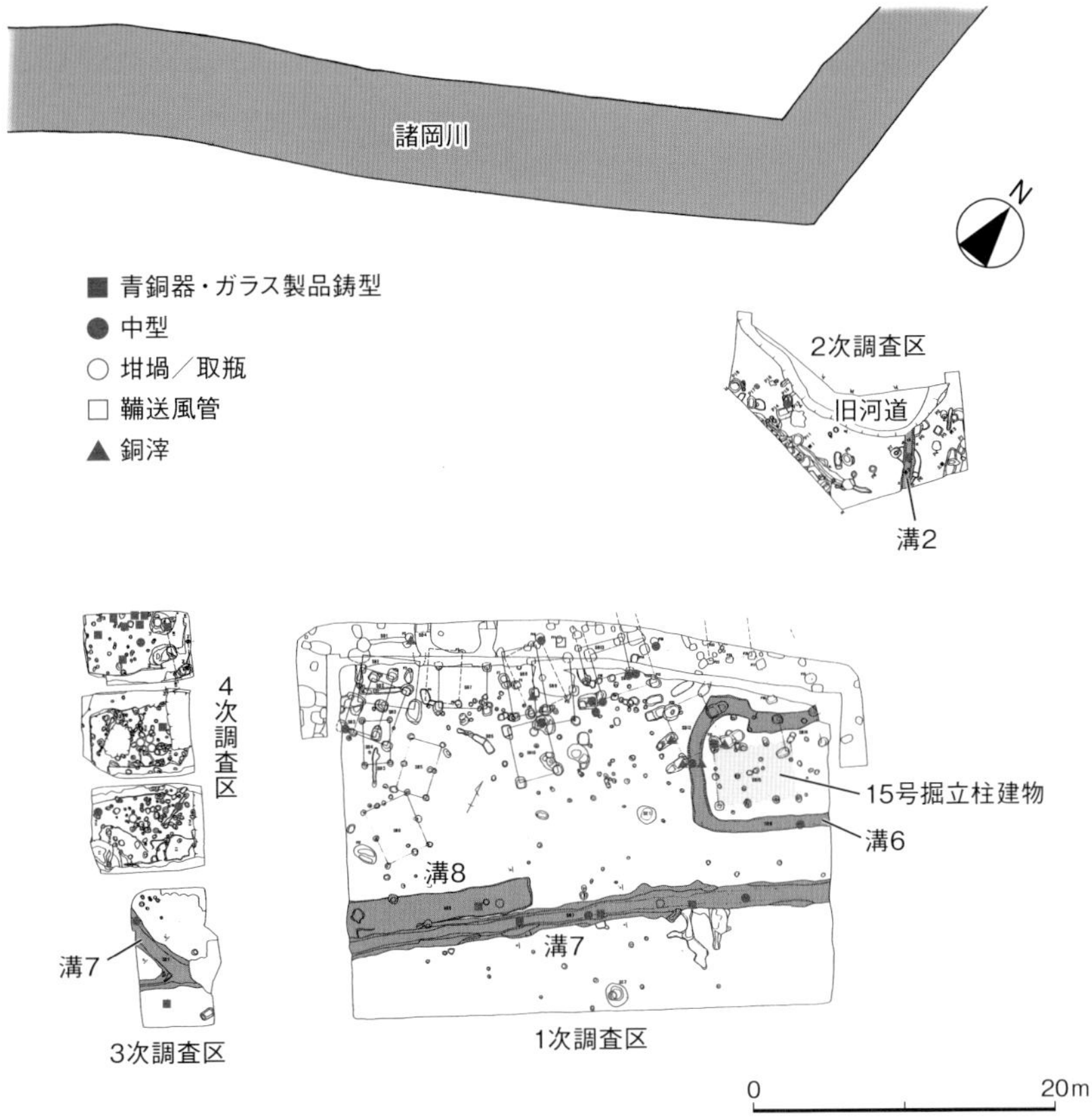

図38 ● 青銅器工房と考えられる15号掘立柱建物跡
15号掘立柱建物跡の内外からは、青銅器生産関連遺物が出土する。
南の溝7・8と主軸が同一であるため、計画的な配置が推測できる。

跡は一×三間で、小さくて浅い柱穴は、ほかの建物跡と異なった特徴をもつ。しかも周囲に幅一メートルの溝6がめぐる。この溝は排水や内部の除湿を促す役割をはたしていたのであろう。青銅器生産関連遺物がこの建物を中心に広く分布することからも、一五号掘立柱建物を青銅器工房と考えてまちがいないだろう。

なお、先に紹介した調査区南部で、北東から南西方向にのびる直線的な溝7は、北側の掘立柱建物群を囲んでいたと考えられる。しかも、溝7がのびる方向は、青銅器工房である一五号掘立柱建物跡と溝6の主軸と同じである。この溝7の続きは、南西側に約一〇メートル離れた三次調査区でもみつかっており、この地点で南西と西に分岐することも確認されている。

また、一次調査区北側の二次調査区では、一次調査区の溝7と直交方向にのびる溝がみつかっており、これらが一連の遺構になる可能性がある。つまり、掘立柱建物群を方形にとり囲む溝の東辺が一次調査溝7、南辺が三次調査溝7、北辺が二次調査溝2と考えられる。

これらの溝と掘立柱建物群を検討した武末純一氏は、直線的な溝が青銅器工房区域を区画していることを重視し、最小でも二〇〇〇平方メートルほどの長方形の区画で街区を形成しているると評価した。さらに、この直線的な街区の形成こそが、考古学的に都市と農村を区別する第一条件と考え、須玖遺跡群の後期の青銅器・ガラス工房はそれぞれ街区の中に配置されると推察した。須玖永田A遺跡の溝の特徴から、須玖遺跡群に「日本最初の都市」の可能性を考えたのである。

2　最古級の青銅器生産遺跡

弥生時代中期の青銅器工房発見の予兆

須玖タカウタ遺跡は、須玖岡本遺跡の西側に位置する（図4参照）。一九九八年度におこなった二次調査は、調査面積が一四〇平方メートルとせまかったが、須玖遺跡群の青銅器生産について新たな可能性を示した遺跡となった。

二次調査区南西部では、二号土坑（図39）の周囲にピット（小さな穴）群があり、五×六メートルの楕円形の範囲に分布していたが、当初これが何なのかわからなかった。一方、調査区北西部には、楕円形の竪穴住居跡が三分の一ほど確認されたが、床面までの深さが地上から数センチときわめて浅いことから、当地が数十センチ削平されていたことが判明した。これにより、調査区南西部のピット群も床面まで削られた楕円形の竪穴住居跡の痕跡と考えられる。二号土坑はその住居の東壁下中央に掘られた一連のものであった可能

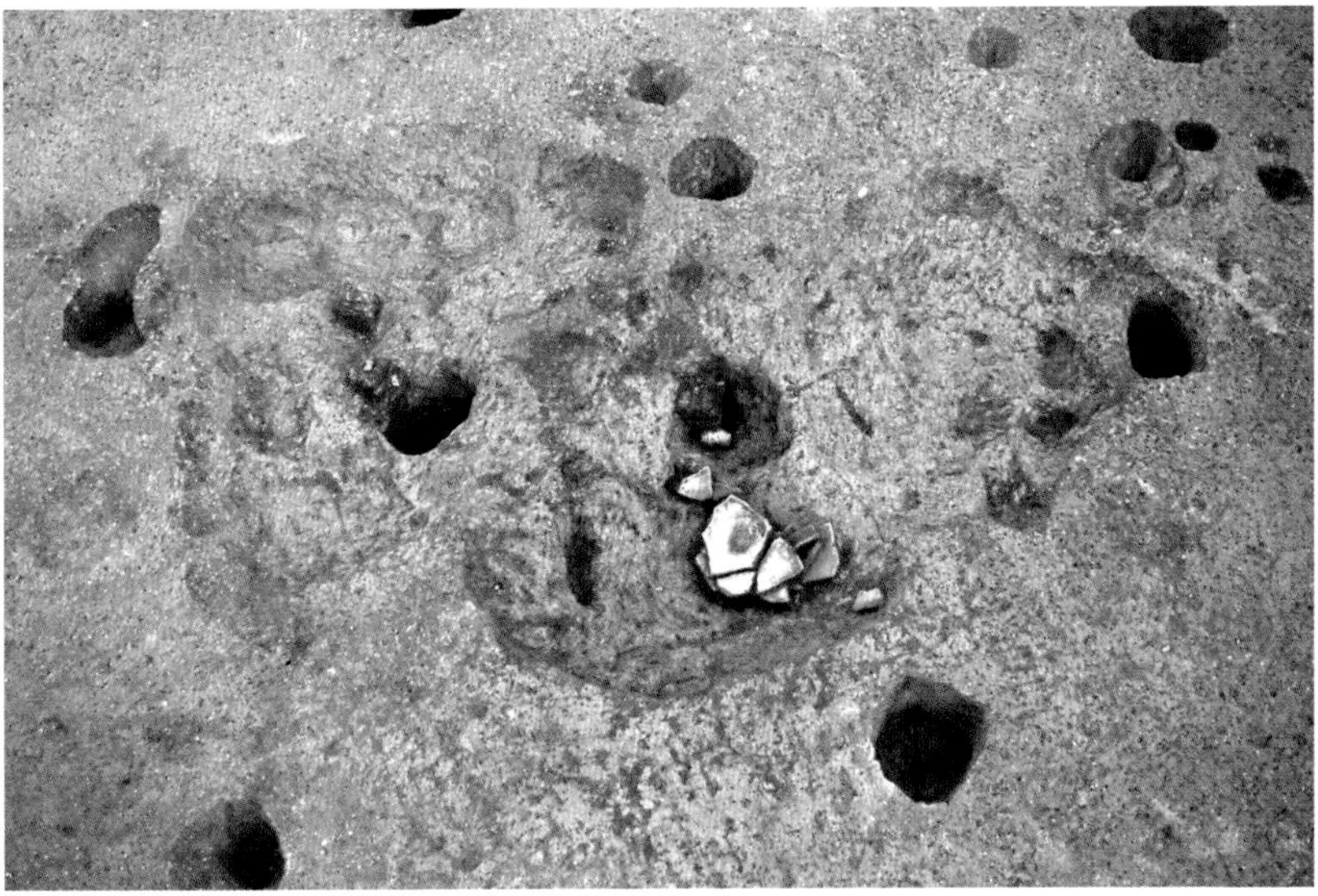

図39●須玖タカウタ遺跡2号土坑の出土状況（2次調査）
中型とともに土器が出土しており、時期を判断することができた。

性がある。

その二号土坑からは、弥生時代中期前半〜中ごろの弥生土器とともに、青銅器の石製鋳型の破片や六点の銅矛中型片が出土した。しかも、中型は断面形が円形に近いため、弥生時代中期にみられる細形ないし中細形の銅矛である可能性があり、弥生土器の時期とも矛盾はない。須玖タカウタ遺跡二次調査の青銅器生産に関連する資料は、当時としては福岡平野では最古級のもので、須玖坂本B遺跡などの事例ともあわせると、今後さらに古い時期の青銅器生産遺跡が発見される可能性を示唆するものであった。

最古級の鋳型がみつかる

その発見は、一五年後に奇しくも同じ須玖タカウタ遺跡でおとずれた。二〇一四年度の五次調査（**図40**）では、調査区の西部で弥生時代中期中ごろの甕棺墓などを検出したが、その一

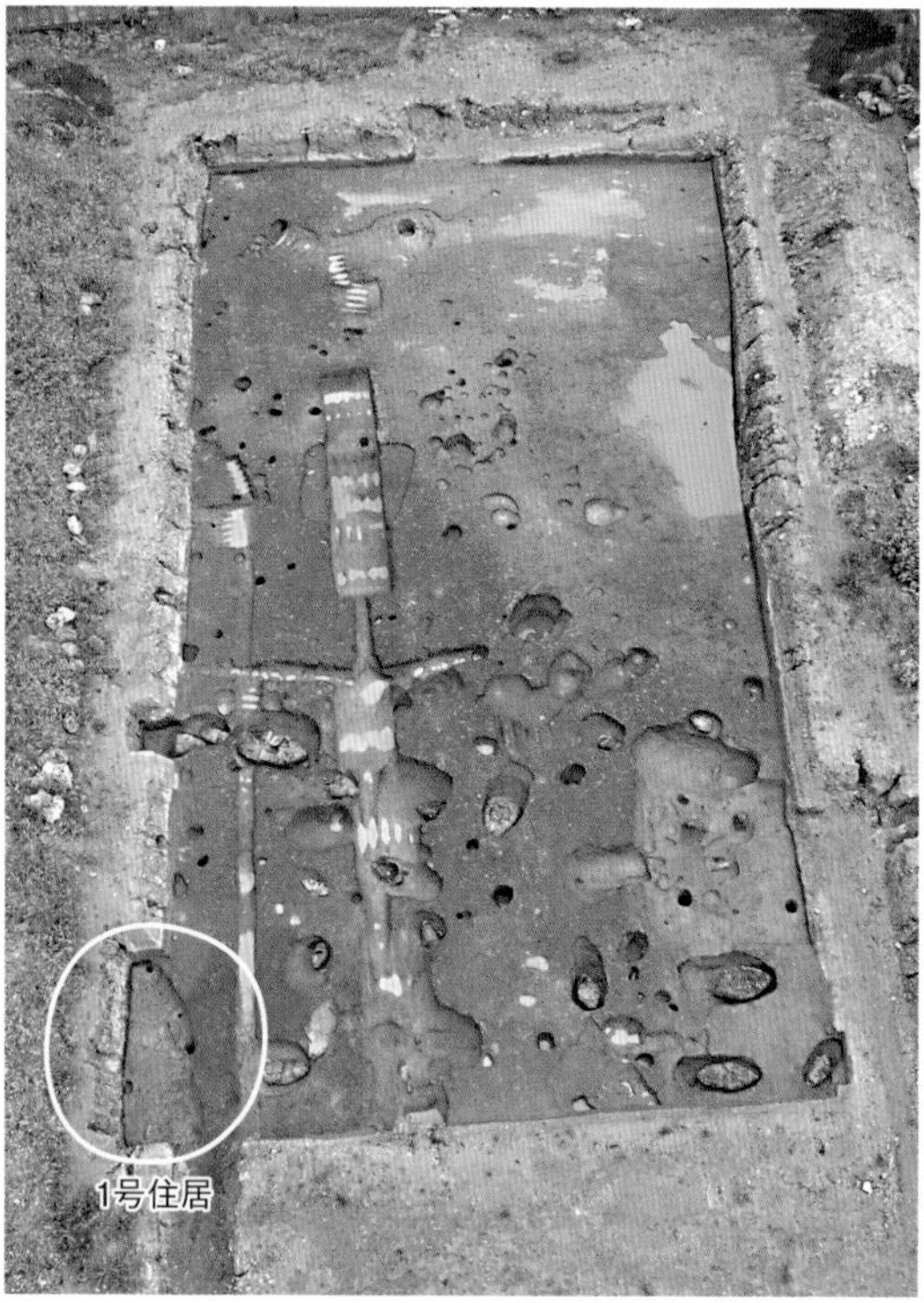

図40 ● 須玖タカウタ遺跡（5次調査）
写真左下に拡張前の１号住居の一部がある。当地は、青銅器を生産しなくなるとすぐに甕棺墓地として利用された。

角、調査区隅に中期前半の弥生土器とともに、北部九州ではほとんど類例のない真土製の鋳型（以下、土製鋳型）が出土する遺構がみつかったのである。このため、その部分を可能なかぎり拡張して発掘したところ、中期中ごろの甕棺墓群と重なりあった楕円形の一号竪穴住居跡（以下、一号住居跡）が姿をあらわした（図41）。遺構群を精査したところ、甕棺墓群は住居跡が埋まった後に掘られており、住居跡から良好な状態で出土する弥生土器が中期前半であることと矛盾はなかった。

一号住居跡からは、南側中央壁下の屋内土坑を中心に青銅器鋳型が多数出土した（図42）。関連遺構や周辺遺構も含めると石製鋳型九点、先述した土製鋳型が二六点（小片を含めるとそれ以上）も出土した。しかも、石製鋳型はすべて滑石系の石材で、石英長石斑岩製鋳型は一点もなかった。さらに彫り込まれた青銅器の型は、朝鮮半島に由来する多鈕鏡や有柄《ゆうへい》銅剣もふくまれていた。土製鋳型は、出土自体が画期的だが、そ

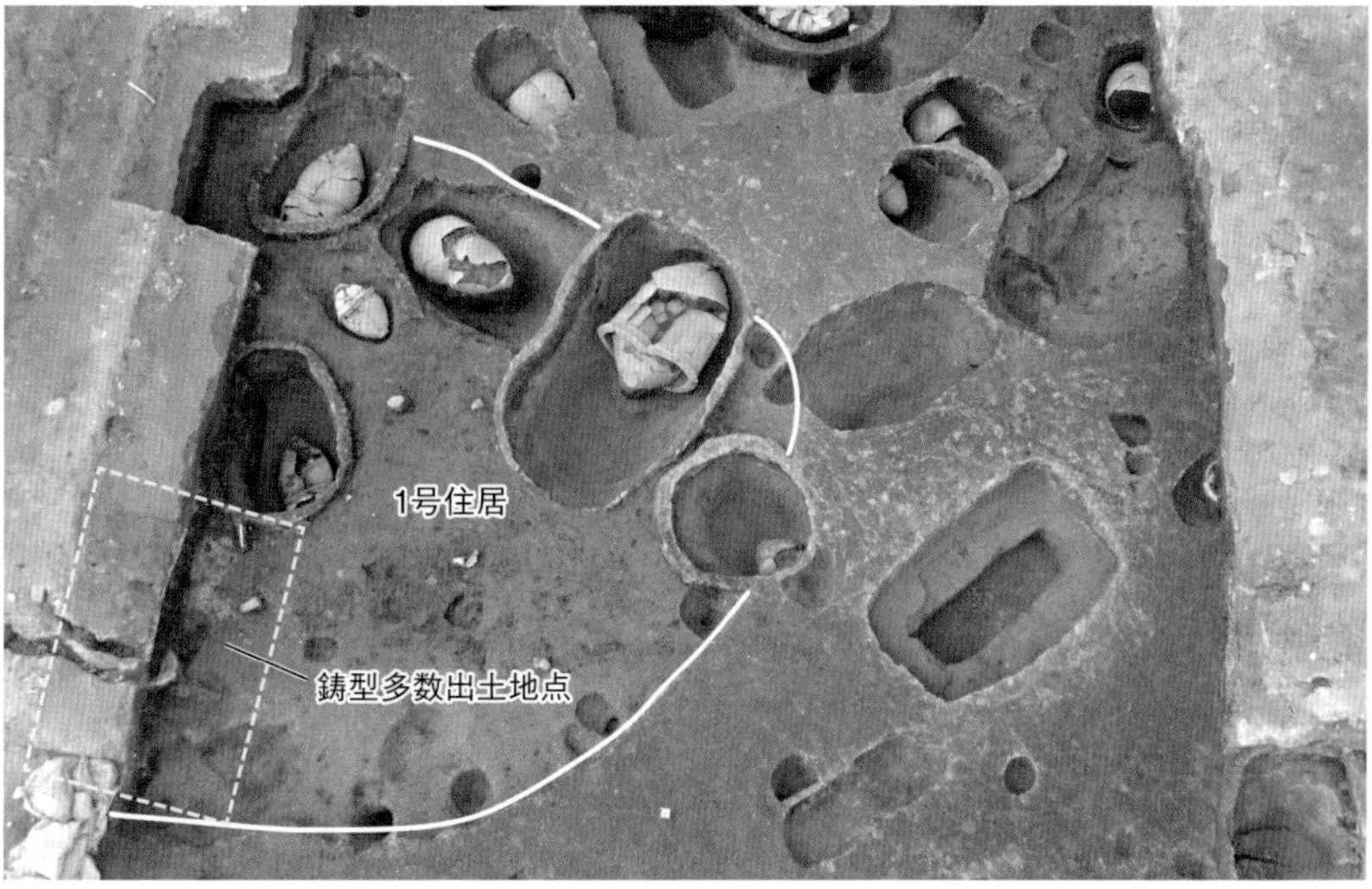

図41 ● 5次調査で姿をあらわした1号住居
床面や屋内土坑周辺から、土器とともに多くの石製鋳型と土製鋳型が出土した。

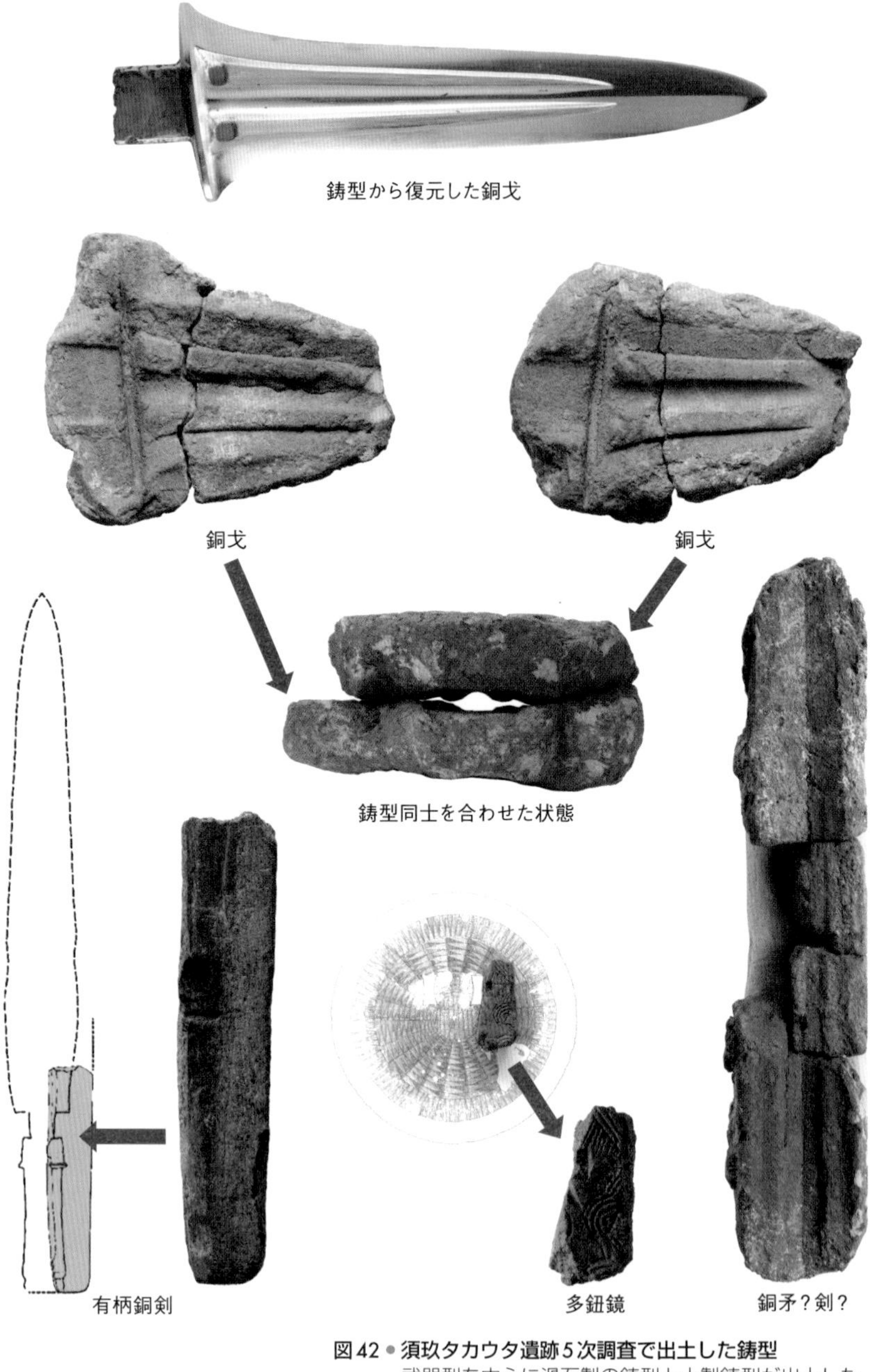

図42 ● 須玖タカウタ遺跡5次調査で出土した鋳型
武器型を中心に滑石製の鋳型と土製鋳型が出土した。

のなかでも比較的残存度の高い銅戈と銅矛（または大形銅剣？）の鋒部は、鋳型の両面が出土しており、非常にまれであった。また、銅剣の柄飾りである把頭飾の可能性がある鋳型もみつかっている。

以上のように、弥生時代中期前半の一号住居跡とその周辺からは石製と土製の鋳型が多数出土し、紹介していない鋳型もふくめ銅矛、銅剣、有柄銅剣、銅戈、小銅鐸、多鈕鏡、把頭飾の鋳型が出土した。このほかにも四点の銅矛中型が出土した。

このようにさまざまな材質と種類の鋳型がみつかったことは、ここでおこなわれた青銅器生産が弥生時代中期前半のもので日本最古級であることとも関連しているのかもしれない。滑石系の石材は朝鮮半島からもたらされた可能性がある反面、そこに掘り込まれた多鈕鏡の文様は日本独自のものであり、青銅器生産技術が伝わった当初の日本（倭国）と朝鮮半島の密接な関係と、日本の独自性を知ることができる貴重な資料である。

青銅器工房の可能性

最後に、須玖タカウタ遺跡五次調査の一号竪穴住居が、青銅器工房であるか考えてみたい。先にも述べたが、石製鋳型は砥石に転用される可能性があるため、鋳型としての役割を終えたあとに工房の外にもち出される可能性がある。それに対して、鋳型以外の青銅器生産関連遺物である中型や坩堝、鞴の送風管などは転用されることがないため、工房やその近接地で廃棄される。当該住居跡からは多くの鋳型が出たが、そのほかの青銅器生産関連遺物は四点の中型が出たのみであり、これだけみれば青銅器工房であるとはいいきれない。

しかしながら、一号竪穴住居出土の鋳型の大半は土製鋳型で、再利用することはない。さらに、石製鋳型は石英長石斑岩製ではなく、滑石系の石材のため砥石には転用されず、転用されたとすれば重さをはかるための権か紡錘車である。実際に、当鋳型群の中には小銅鐸鋳型から転用された権が含まれる（**図43**）。権の詳細については後述するが、これらは青銅器工房で鋳型と同時に使用されていた。

以上のように、転用の可能性がない土製鋳型は一度に廃棄されたと考える方が自然である。外から運んできて一カ所に廃棄した可能性もなくはないが、鋳型とともに青銅器生産に使用した権が同時に出土していること、それらが廃棄された屋内土坑の周囲だけに地山由来と考える粘質土が認められること（炉に関連するものか？）から考えれば、鋳型がこの建物で使われ、その場で廃棄・転用されたと考える方が自然である。廃絶した一号住居跡、しかも屋内土坑周辺に、鋳型や権をわざわざ外からもちこみ廃棄したとは考えにくい。

さらに、前述したように須玖タカウタ遺跡二次調査の二号土坑とピット群を五次調査の一号

図43 ● 1号竪穴住居から出土した石製の権
もとは小銅鐸の鋳型で、表面の彫り込みや鋳型を示す黒変が確認できる。また、一方の小口には、二つの鋳型を合わせたときに、ずれを防止するための合印が残る。

住居跡と同様の楕円形の竪穴住居とすれば、青銅器生産関連遺物が出土した二号土坑は屋内土坑と考えられる。同じ須玖タカウタ遺跡で時期が近い二つの楕円形住居の屋内土坑に、青銅器生産関連遺物が廃棄される共通点から考えれば、両遺構が同じ性格の建物、この場合は青銅器工房と考えるのが自然だろう。五次調査の一号住居跡は西部が調査区外にのびるため、おそらく全体の三分の二程度しか調査できていない。また、調査部分についても甕棺墓により床面の三分の一は破壊されている。このため未調査部分に、坩堝や鞴送風管、銅滓、炉の痕跡などがある可能性は高い。現在のところ須玖タカウタ遺跡五次調査一号住居跡は、最古の青銅器工房跡と考えたい。

3　奴国の官営工房

坂本地区の青銅器工房

須玖岡本遺跡坂本地区は、同遺跡の北部に位置し、その立地は春日丘陵北側の低地部分に該当する（**図31参照**）。一九九〇年度以降六次の調査がおこなわれ、青銅器工房と考えられる建物跡やその内外からおびただしい数の青銅器生産関連遺物がみつかった。周囲の試掘調査の結果とも合わせると、工房域は三〇〇〇平方メートル以上と推測できる。

工房と考えられる建物跡は、掘立柱建物や竪穴住居の周囲に、溝が約一〇×一〇メートルの隅丸方形状にめぐる遺構である。後世の削平により内部の建物の残りは悪く、竪穴住居跡は床面まで削られ、柱穴などは確認できるが、壁面は痕跡を一部に残すのみである（**図44上**）。掘立柱建物については、多くの柱穴が重なっているため、簡易的な建物が幾度も建てかえられたことがわかり（**図44下**）、さらに二次調査では掘立柱建物と竪穴住居が重なりあっている工房も発見された。また、周囲の溝も複雑に重複するため、掘りなおしや工房の拡張がおこなわれたことがわかる。出土した土器の年代ついては、弥生時代後期初頭〜終末期であることから、当遺跡の青銅器生産が長期にわたっておこなわれたことがわかる。

図44 ● 須玖岡本遺跡坂本地区の青銅器工房跡
上は竪穴住居、下は掘立柱建物のまわりを直径10m程度の溝がめぐる。

坂本地区の青銅器工房は、規模などは異なるが、周囲に溝をもつ点で前述した須玖永田Ａ遺跡と同じ構造で、溝は青銅器を生産する建物の排水や除湿のために掘られたと考えられる。須玖永田Ａ遺跡と大きく異なる点は、複数の工房が溝で連結している点である。

このほかにも、周囲に溝がめぐらない工房と思われる遺構もある。四次調査でみつかった一号竪穴状遺構である。青銅器生産関連遺物とともに、上層は弥生時代後期後葉の土器が出土し、下層からは後期初頭ごろの土器が出土する。床面の北壁下には、小溝で接続する浅い掘り込みが二つあり、内外からは拳大～人頭大程度の花崗岩礫、周囲には炭化物がみつかっていて、青銅器鋳造に関連する施設と推察できる。調査区外にのびる北西部には、排水などを考慮した溝が付設する可能性も考えられる。

膨大な量の青銅器生産関連遺物

以上の青銅器工房内外からは、青銅器生産関連遺物が出土する（図45）。鋳型には銅矛、銅剣、銅戈、小形仿製鏡、小銅鐸、銅鏃などがあり、なかには製品が特定できない鋳型もある。また、表裏に大きさの違う銅鏃が刻まれた完形品の連鋳式銅鏃鋳型は、一度に四九個の銅鏃を鋳造できるなど技術の高さを知ることができる。もっとも出土点数の多い銅矛中型は、折れた状態で出土するために長さ数センチほどだが、銅矛の鋒部から袋部、節帯部側までがある。湯口部は溶けた銅（湯）が流れたり、高温のガスが抜けたりするためか突起が四つつき、ここから復元される銅矛中型の全体像は四枚羽をもつロケット状になる（図35右参照）。また、銅矛中

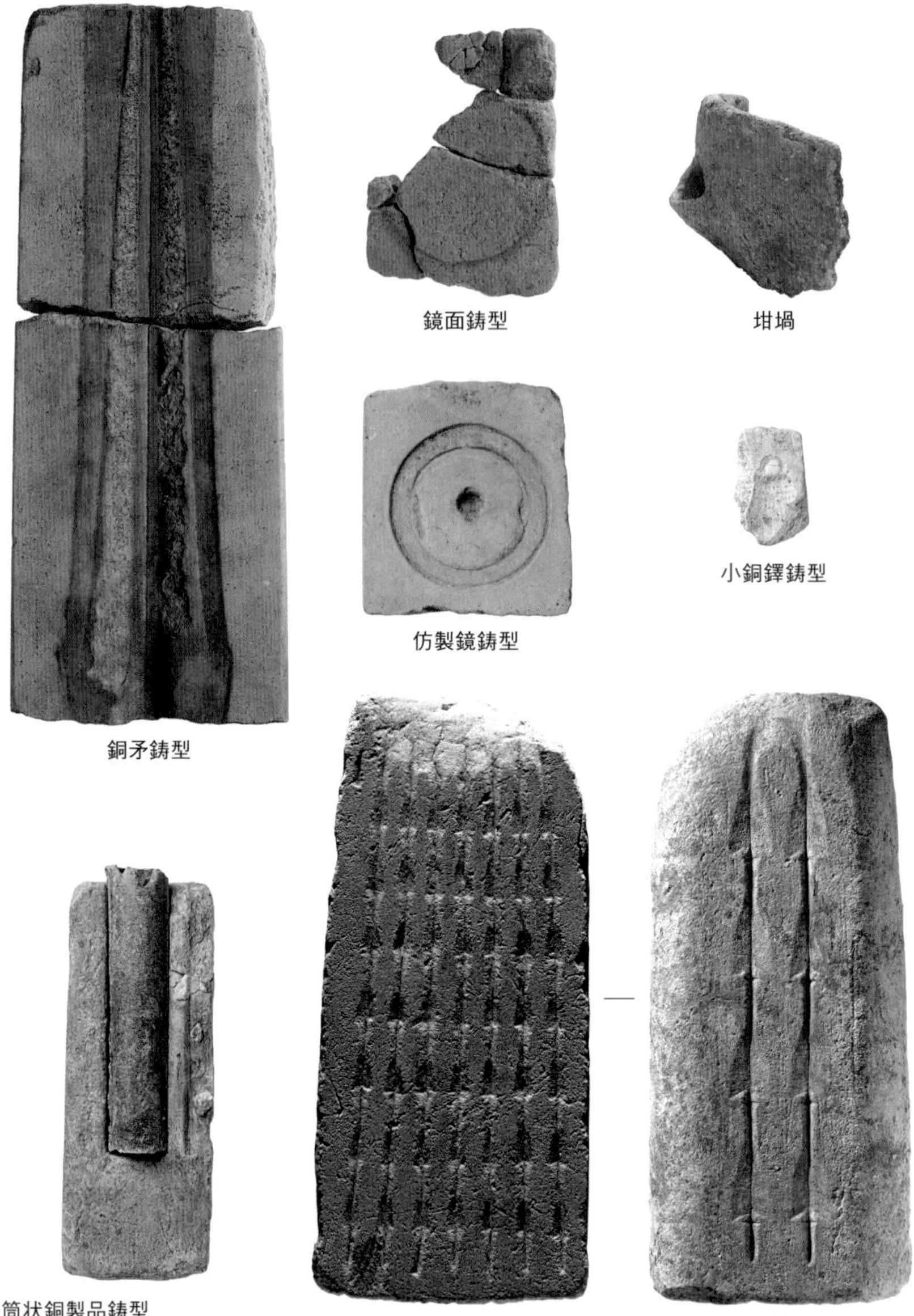

銅矛鋳型

鏡面鋳型

坩堝

仿製鏡鋳型

小銅鐸鋳型

筒状銅製品鋳型
（製品は新宮町夜臼・三代遺跡群）

（表面）　（裏面）
連鋳式銅鏃鋳型

図45 ● 坂本地区の青銅器工房内外から出土した鋳型など
さまざまな青銅器鋳型が出土する。

型の横断面形は円形に近いもの、楕円形、凸レンズ形のものがあるが、先述したように複数の型式の銅矛がつくられていたこと意味しており、長期にわたって銅矛が生産されたことを示す。

鋳型、中型、その他の青銅器生産関連遺物の調査次数ごとの内訳は**表1**のとおりである。

奴国の官営工房

坂本地区の青銅器工房は、弥生時代後期初頭〜終末期に営まれていた。今後、中期にさかのぼる工房も発見されるかもしれないが、大規模な操業を開始するのは後期に入ってからであろう。鋳型の出土数だけをみればどの器種を主体に生産したかはわかりにくいが、銅矛中型の数をみれば銅矛を主体として鋳造したことがわかる。さらに時期や中型から分析すれば、生産した銅矛は中《ちゅう》広形銅矛《ひろがたどうほこ》と広形銅矛である。

このような青銅器の大量生産の裏づけとして、須玖遺跡群では、西方遺跡（中広形銅矛一〇本）、須玖盤石《ばんじゃく》遺跡（中広形銅矛九本）、岡本ノ辻遺跡（広形銅矛九本）、紅葉ヶ丘遺跡（中広形銅戈二七本）、原町遺跡（中細形〜中広形銅戈四八本）などの銅矛数

表1● 須玖岡本遺跡坂本地区における青銅器生産関連遺物の内訳

		調査年次					計
		1次・2次	3次	4次	5次	6次	
出土遺物	石製鋳型	6	10	10	—	9	35
	型のない鋳型石材等	21〜	5〜	19〜	5	25	約75
	銅矛中型	270〜	80〜	110〜	12	25〜	約500
	青銅製鋤先中型	4	1	—	1	—	6
	小銅鐸中型	2	1	—	—	—	3
	坩堝	78〜	19〜	47〜	2〜	10〜	約160
	鞴送風管	—	1	4	1	1	7
	坩台	—	—	1	—	—	1
	銅滓等	80〜	20〜	6〜	1〜	3	約110

〜…以上
—…当該調査年次には出土なし

本、銅戈数十本を一度に埋めた一括埋納遺構がみつかっている(図46)。

また銅矛は、福岡平野だけでなく、九州地方、中国地方、四国地方や対馬、朝鮮半島南部から出土するが、これらのなかに須玖岡本遺跡坂本地区で生産された銅矛がかなりふくまれると考えるのが自然だろう。

須玖遺跡群の青銅器生産は、中期までは須玖タカウタ遺跡や須玖坂本B遺跡のような低地の遺跡もあるが、全体の印象としては、須玖岡本遺跡岡本山地区、須玖盤石遺跡、大谷遺跡のように春日丘陵部で小規模におこなわれていた感がある。しかし、遠方まで大量の銅矛などを供給する必要が生じたため、青銅器生産を一括管理しやすいように配置された後期の青銅器工房が須玖岡本遺跡坂本地区だったと考えられる。さらにこれを補完するために、須玖永田A遺

図46 ● 西方遺跡の埋納遺構から出土した銅矛
西方遺跡では、中広形銅矛10本が埋納されていた。

跡や須玖黒田遺跡などの坂本地区北側低地の青銅器工房が新たにつくられたのではないだろうか。

青銅器を大量生産するためには、継続的な原材料や工人の確保が必要で、その体制を統括する存在が必要となる。そこには奴国王の関与が推察されるのであり、これらのことが、須玖岡本遺跡坂本地区が奴国の官営工房とされる理由である。

4　青銅器生産の復元と謎

青銅器工房の構造

須玖遺跡群の青銅器工房は、すでに紹介した須玖岡本遺跡坂本地区や須玖永田A遺跡でみられる掘立柱建物や竪穴住居のまわりに排水、除湿を目的とした溝がめぐるものがある。また、溝は確認できないが、須玖タカウタ遺跡、須玖坂本B遺跡のように、青銅器生産関連遺物の出土状況から青銅器工房と考えられる竪穴住居跡もあり、溝の有無は青銅器工房の立地や操業期間と関係があるかもしれない。つまり、雨水や湧水の影響を考えなくてよい単発で短期間の青銅器生産には通常の竪穴住居と大差のない建物が使用された可能性がある。

これらとは別に、大南B遺跡や須玖盤石遺跡などでは、複数の青銅器生産関連遺物が出土する竪穴住居跡で、建物の内部から屋外にのびる溝を付設した建物がある（**図47**）。この溝も建物内の排水、除湿のために設けられたと考えられ、青銅器工房と考えてよいだろう。

青銅器生産の復元と謎

青銅器工房の内外からは多数の青銅器生産関連遺物が出土するが、銅を溶解させる際に使う炉は、掘立柱建物（平地建物）のように床面を掘り込まず後世に削平されやすい場所では検出が困難である。また、床面の残存状況がよい竪穴住居跡でも溶解炉と断定できる遺構は須玖遺跡群においては確認されていない。一方、須玖遺跡群の坩堝は、内面は著しく被熱しているが、外面には被熱の痕跡はない（図48）。これらのことから、この地における青銅の溶解は坩堝のなかで直接青銅を溶かす土器炉を想定する（図36参照）が、不明な点も多い。そこで、今回は現時点での復元案と課題を示す。

土器炉となる坩堝は、半球状の器に注ぎ口と脚台が付く形状をなす。さらに坂本地区四次調査で出土したような坩台の上におかれる可能性がある（図49上）。残りのよい個体から復元すると、坩堝は口縁部外径二三センチ前後、器高は一七～一八センチ。

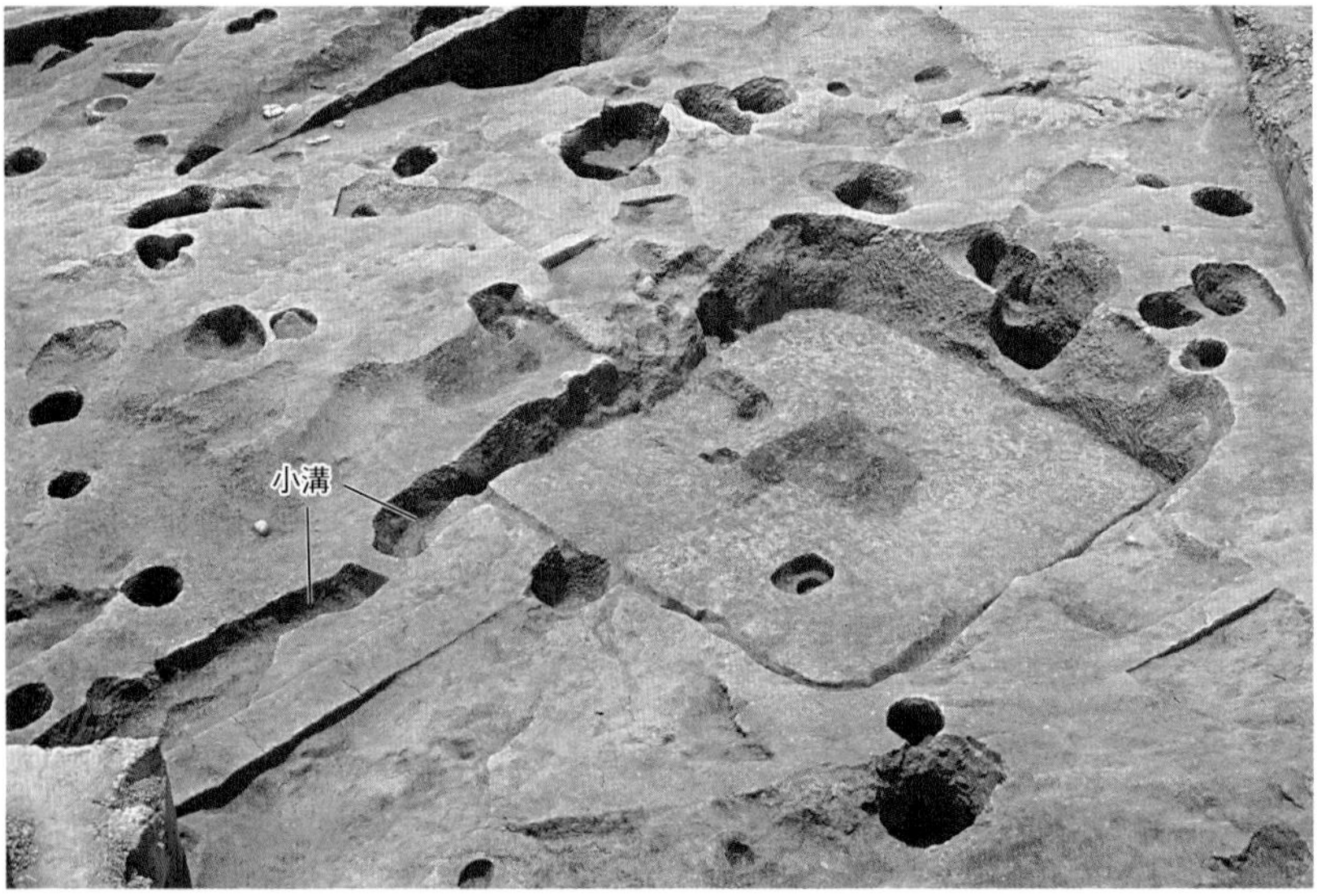

図47 ● 屋内から屋外にのびる溝をもつ建物遺構（大南B遺跡）
通有の住居跡と異なり、壁から斜面下方へのびる小溝をもつ。また主柱穴は壁に接して掘られ、床面の炉跡の周囲には広範囲に炭が確認できる。

坩台の高さが一二～一三センチならば、床面から坩堝口縁部までの高さは三〇センチを超える。

鞴の送風管は、先端部付近で曲がり、先端部は被熱しているが、銅滓などは付着していないため、炉内の金属や滓に接触しなかったと考えられる（図49下）。ただし、送風管が屈曲する方に熱による変色がみられることから、屈曲側を下にし、送風は上から下にされたことはまちがいない。また、送風管先端部は、屈曲側内側の欠損が大きい。これは、送風管を安定させるなどの理由で坩堝の口縁部内面に先端部を接触させたことに起因するのではないだろうか。

復元される曲状送風管の長さは二五センチ程度で、この基部に直接鞴をとりつけた可能性もあるが、炉と鞴の距離を考えると近畿地域で想定されるように直状送風管が連結された可能性がある。現在のところ須玖遺跡群の周辺には近畿地域でみられる土製の直状送風管はないので、竹などの有機質のものを直状送風管として利用した可能性がある。

このように曲状送風管を単体で鞴に接続するにせよ、あるいは遺物として残りにくい有機質の直状送風管に連接するにせよ、送風管が宙に浮いた状態で鞴から送風することは困難である。もし、床面に鞴、送風管を設置したとするならば、穴を掘り込んで坩堝を納める必要があるが、今のところ工房内に坩堝を納めたようなピットはみつかっていない。

穴を掘って坩堝や坩台を据えつけたのか、あるいは床面に

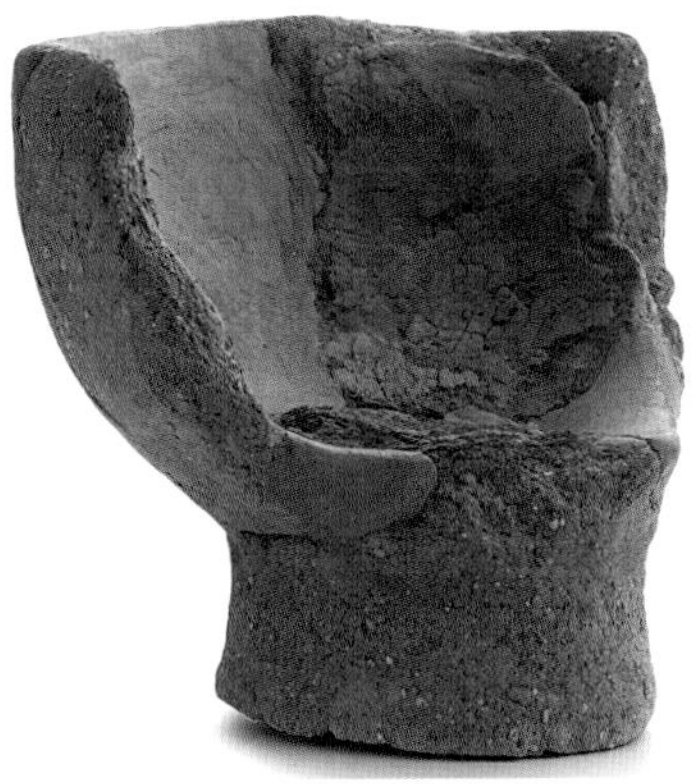

図48 ● 内面のみに被熱の痕跡がある坩堝
青銅を溶かすための器の役割だけでなく、鋳型まで運び、注湯する取瓶の役割ももつ。

設置し、保温、遮熱のために土壁などでまわりをかこんだのか。そしては鞴は床か木製の台の上に据えて使用したのか。ほかにも送風管の固定方法や、どのように二つの鋳型を固定し、溶けた青銅の入った坩堝を鋳型まで運んだのかなども今後検討する必要がある。

なお、鋳型石材の石英長石斑岩は、須玖遺跡群から南方に直線で約四〇キロ離れた八女市の矢部川流域から運ばれたことがわかっている。原地では石材を粗加工したと考えられる遺跡もあるが、須玖遺跡群内で粗加工から成形までされたことを示す資料もある。石英長石斑岩は大型の鋳型になると製品でも数十キロあるので、どのような形で運ばれたのかも検証する必要があるだろう。

図49 ● 坩台（上）と鞴の送風管（下）
坩台の上面が変色するのは坩堝と接したためか。
送風管は今後鞴の皮袋などとの接続方法も検討する必要がある。

須玖権と青銅器生産

一九八一年に、大阪府にある弥生時代の環濠集落、亀井遺跡で一一点の石製品が出土した。二〇一二年には、この石製品がモノの重さをはかるための「おもり」であることが明らかになったことをきっかけに、それ以降、同様の石製品が各地でみつかり、「弥生権」、「弥生分銅」

などとよばれた。弥生権には、天秤《てんびん》を使い複数の重さの権を用いる円筒形の天秤権と、棹秤《さおばかり》を使い紐を通す孔のある権を一つ用いる棹秤権がある。亀井遺跡の権は天秤権である。

二〇一八年に、須玖遺跡群の北部でも弥生時代の天秤権（以下、須玖権とする）が出土していたことがわかった。従前の研究では、北部九州の権はおもに交易で使われたとされていたが、須玖権は須玖坂本B遺跡で四点、須玖岡本遺跡坂本地区で二点、岡本地区で三点、須玖タカウタ遺跡で一点でみつかっており、これらの遺跡は青銅器生産遺跡かその近接地であったことから、青銅器の原料の調合に使われた可能性も考えられる（図50）。

しかも、須玖権のうち六点は初期青銅器鋳型と同じ滑石系の石材で、鋳型の彫りこみ、二つの鋳型を合わせるための合印、鋳型の使用を示す黒変が認められるものがあるため、鋳型の転用品とわかった。初期青銅器鋳型である滑石系の鋳型は主に弥生時代中期にみられ、とくに須玖タカウタ遺跡の鋳型転用権は中期前半で日本最古の

図50 ● 須玖遺跡群で出土した弥生権
上段右端：石斧転用品　下段左端：小銅鐸鋳型転用品（黒変・合印あり）。
下段左から2番目：黒変あり。下段右から2番目：合印あり。写真にない1点は、石斧転用品。

鋳型群にふくまれる。ほかの滑石系の須玖権も石材から考えて近い時期だろう。このように、須玖権は出土遺跡、石材や表面に残る痕跡から青銅器生産との関連がつよく、青銅器生産時の銅、錫《すず》などの調合に使用されたとみられる。

なお、須玖権を詳細に分析した武末純一氏は、権の基準となる質量を韓国の茶戸里《タホリ》遺跡と同一の一一・三六五グラムとし、須玖権にはその一倍・三倍・六倍・一〇倍・二〇倍・三〇倍にあたる質量をもつものがあったとして、弥生時代に十進法が使用されたことを指摘している。今後の調査により二倍・六〇倍・一〇〇倍の権がみつかることが期待される。

5 ガラス玉の生産

須玖五反田遺跡のガラス工房

須玖遺跡群では、青銅器だけでなく、ガラス製の勾玉の生産もおこなっていたことがわかっている。もっとも著名な遺跡は、春日丘陵北側低地の須玖五反田遺跡である（図4参照）。一・二次調査でガラス勾玉鋳型などが出土したが、ガラス工房と考えられる一次調査区の一号竪穴住居跡からは、鋳型のほか勾玉未製品、玉砥石などが出土した（図51・52）。工房は弥生時代後期後半の長方形の住居で、屋外にのびる小溝が付設し、溝の先端は流れた水を溜めるためか土坑に接続されている。この土坑からもガラス玉生産関連遺物が出土した。

鋳型は土製で、単体で使うものと組み合わせて使うものがある。また、掛堰《かけぜき》とよぶ漏斗《ろうと》状の

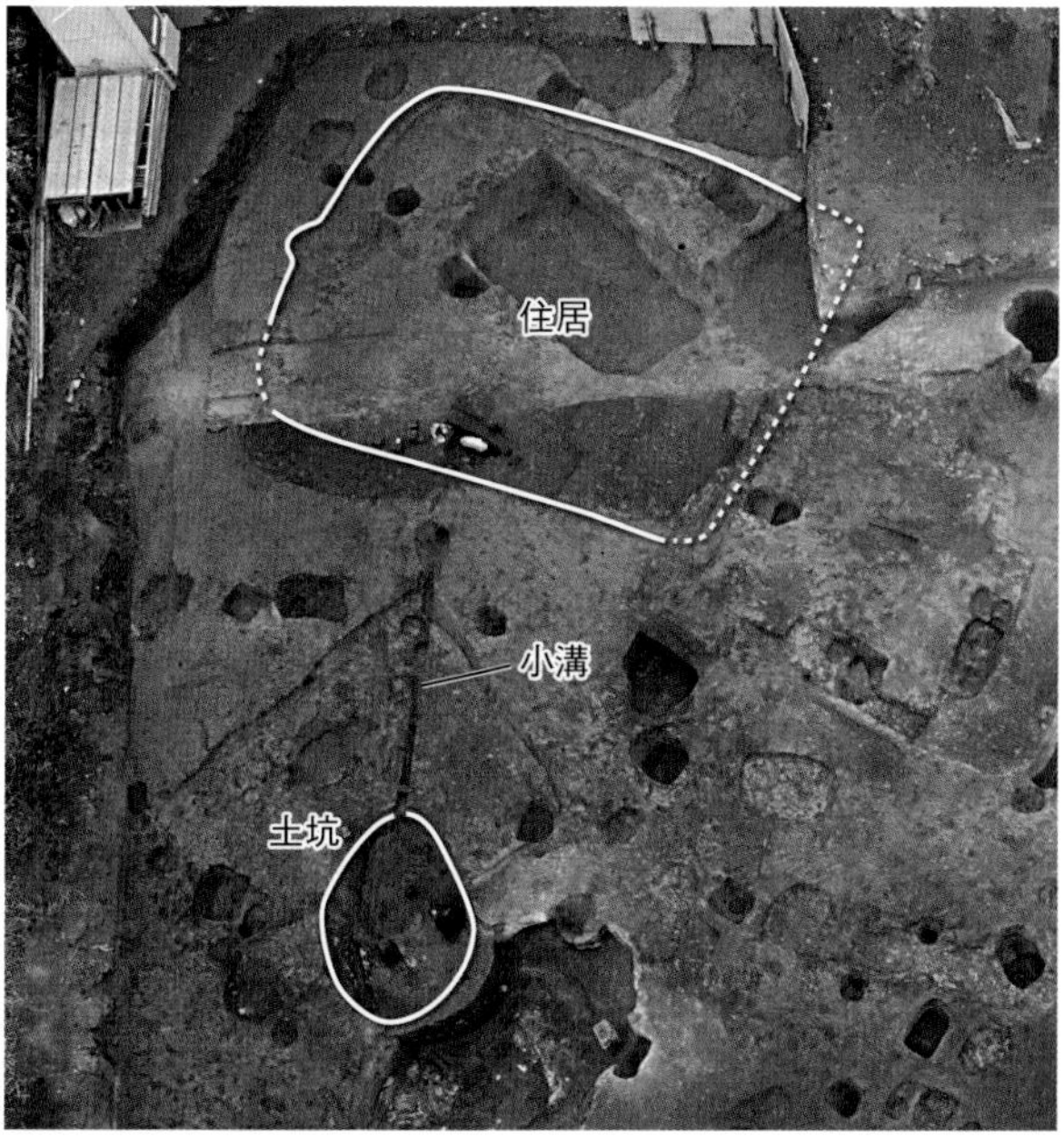

図51 ● 須玖五反田遺跡から出土したガラス工房跡
住居跡の壁の中央から小溝が外にのび、その先端には土坑がついている。

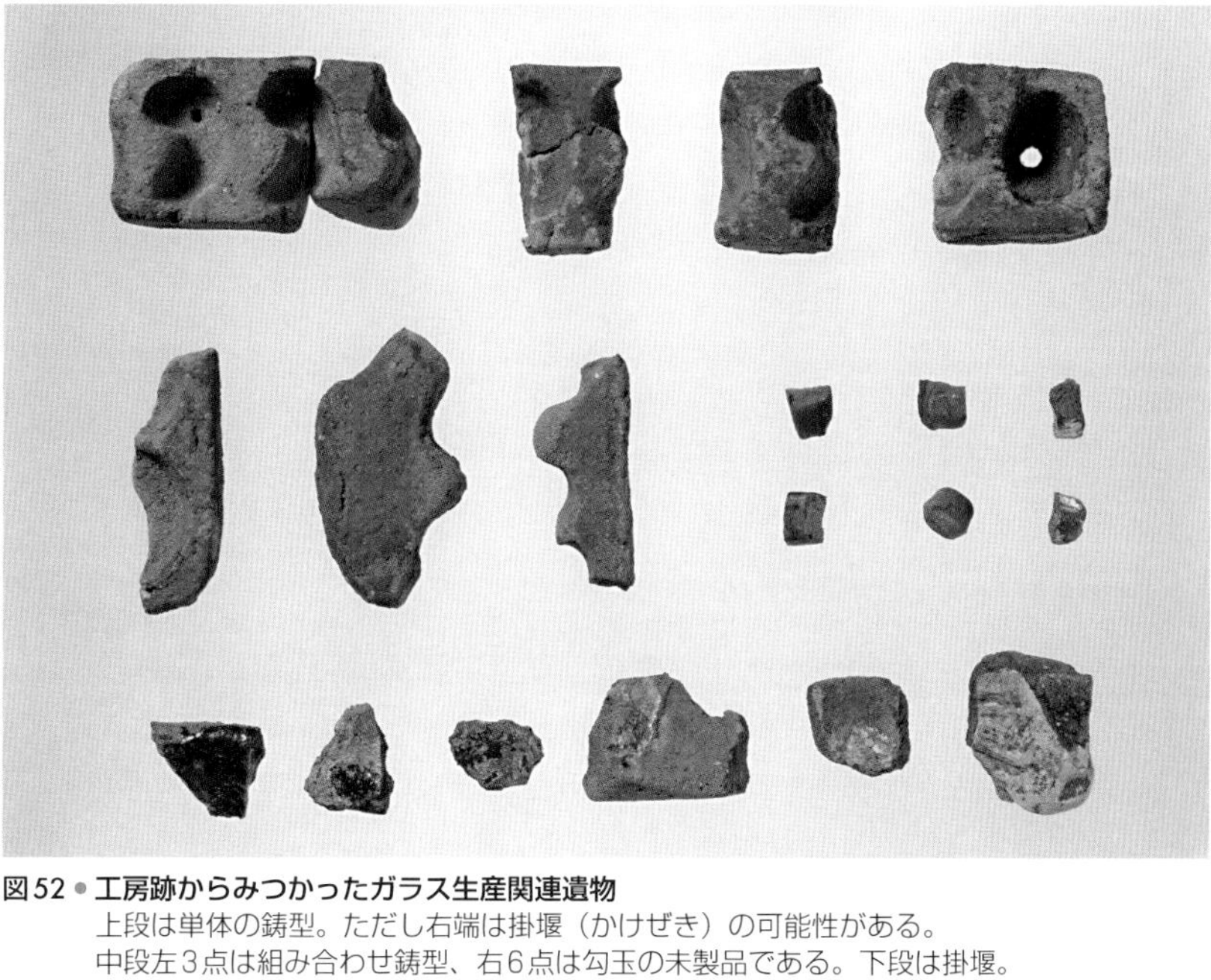

図52 ● 工房跡からみつかったガラス生産関連遺物
上段は単体の鋳型。ただし右端は掛堰（かけぜき）の可能性がある。
中段左3点は組み合わせ鋳型、右6点は勾玉の未製品である。下段は掛堰。

ガラスが付着した容器も出土している。

ガラス玉の生産関連遺物が出土した遺跡

このほか、工房は確認されていないが、ガラス玉の生産関連遺物が出土した遺跡としては、石製・土製鋳型、掛堰が出土した須玖岡本遺跡坂本地区、石製鋳型が出土した赤井手遺跡、土製鋳型が出土した須玖永田A遺跡、平若《へいじゃく》C遺跡、掛堰が出土した須玖坂本B遺跡など複数の遺跡がある。

これらの遺跡は青銅器生産遺跡でもあり、勾玉の石製鋳型は青銅器鋳型と同じ石英長石斑岩製のため、高熱を利用する青銅器生産とガラス玉生産が密接に関係していたことを示している。さらに、筑前町ヒルハタ遺跡の例ではあるが、小形仿製鏡などの青銅器が彫り込まれた石製鋳型の側面にガラス勾玉の型が彫り込まれていることも傍証となる（**図53**）。

なお、ガラス勾玉が主体的に生産されていたと

図53 ● 小型仿製鏡の石製鋳型側面に彫り込まれたガラス勾玉の型
ヒルハタ遺跡の鋳型には、青銅器の鋳型とガラス勾玉鋳型が彫られており、両者の生産の関連性がわかる。（写真はレプリカ）

考えられる須玖五反田遺跡でも一号住居からは青銅器関連遺物が出土している。

勾玉生産の復元

勾玉の鋳型を観察すると、一つの鋳型でつくるものと、とくに大型品については複数の鋳型を組み合わせてつくるものがある。さらに勾玉の型は大きな穴が漏斗状に貫通するものと、鋳型の途中まで開けられた小さな孔をもつものがある。これは青銅器鋳型でいうならば、被せ型（上）と据え型（下）の関係になると推察できる。一部は仮説になるが、つぎのように考えたい（**図54**）。

据え型の勾玉の型は深く、勾玉型の頭部中央に穿たれた孔には、製品の孔になる芯棒を刺す。被せ型に彫られた型は浅く、据え型と合わせたときには、芯棒が被せ型の貫通した孔を通る。孔の外側には掛堰を据えつけ、その中や合わせた鋳型の中に細かく砕いたガラスを入れる。そのまま炉の中に入れて、ガラスを溶かすと掛堰内のガラス屑は鋳型の中に入る、というわけである。

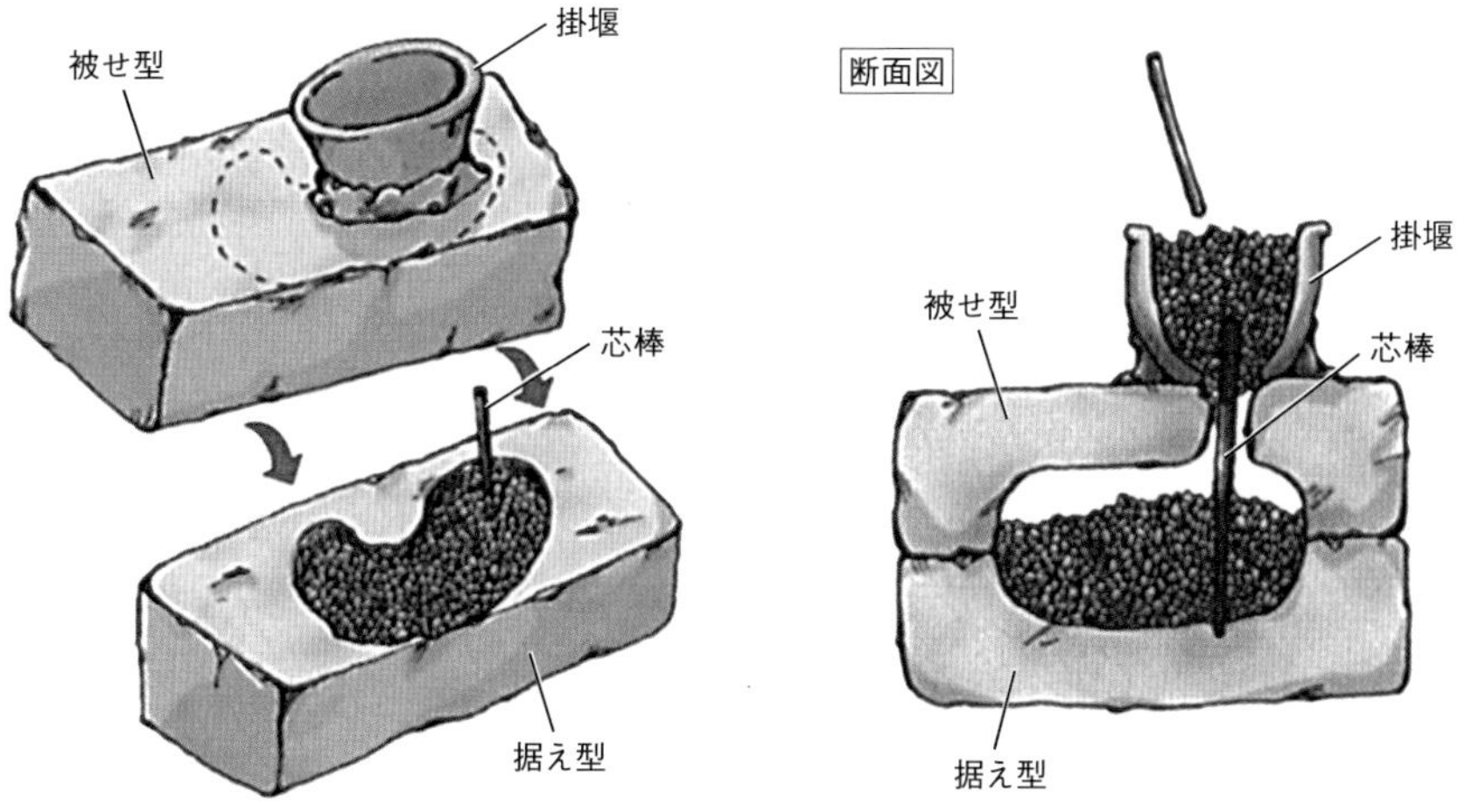

図54 ● 大型のガラス勾玉の生産工程イメージ
出土した勾玉鋳型を分析すると、大型品は複数の鋳型を組み合わせ、上に掛堰をつけたと考えられる。

急激にガラスが冷えて割れないようにワラ灰のなかで徐々に冷まし、型から外して磨く。据え型に立てられた芯棒は抜かれたか、壊れやすい物質でつくられたとしたら砕かれ、掻き出されたのだろう。以上が、現時点での弥生時代のガラス勾玉生産の復元である。

6 鉄器の生産

須玖遺跡群の鉄器生産については、青銅器生産にくらべ確認された遺構も少なく、明らかになっていない点が多い。しかし、春日丘陵上で鉄器工房と確認された赤井手遺跡と仁王手A遺跡は全国的にも著名である。このほかにも低地の須玖唐梨《とうなし》遺跡では、鉄器工房こそ発見されていないが、井戸から鉄片などが出土するため、未発見の鉄器工房が存在する可能性がある。

ここでは、赤井手遺跡、仁王手A遺跡の鉄器工房について紹介し、今後、発見が期待される低地の遺跡についても取りあげたい。

赤井手遺跡

赤井手遺跡は春日丘陵の北西部に位置する（図4参照）。鉄器生産に関しては、三三号住居跡、五号土坑が関連する（図55）。

三三号住居跡は、弥生時代中期後半〜末の住居跡である。ほかの住居跡と重なり合うために残存状態が悪く、平面形が不明確で、主柱穴も明らかではない。ただし、壁際にななめに掘られたピット（穴）があり、大南B遺跡や須玖盤石遺跡出土の青銅器工房跡ではこのようなピットが主柱穴であるため、赤井手遺跡についてもこれが主柱穴である可能性がある。鍛冶炉は一辺〇・七メートル、深さ〇・二メートルの規模で、壁面は激しく焼け、炉の周囲も焼けていた。炉や周囲には鉄片が散在していたとも報告される。また、二段掘りの鍛冶炉であったとの説もある。鉄剣などの未製品の可能性があるもの、鉄素材や鉄片などが出土することや、炉の大きさから考えると、大型の鍛造鉄器も製作していた可能性がある。

　五号土坑は、北側が二段掘りの一・七×一・四メートル、深さ〇・二メートル程度の不正形な土坑で、鉄鏃未製品、鉄素材や中広形銅矛鋳型を転用した砥石が出土するが、火を使用した痕跡は未確認である。弥生時代中期末の住居を壊して掘られていることや中広形銅矛鋳型の存在から、中期末〜後期前半の遺構と考えられる。

　なお、一・八×一・七メートル、深さ〇・三五メートル程度の六号土坑からは、棒状鉄斧七本が出土した（図

図55 ● 赤井手遺跡からみつかった鉄器工房跡
炉やその周囲は焼けて赤褐色になっており、鉄片も出土した。

56）。土器の出土がなく時期の決め手に欠けるが、弥生時代終末期の住居跡を破壊して掘られていることから、それ以降の時期とされる。

　棒状鉄斧は鉄素材として使われたと推測され、一括して埋められたことを考慮すれば埋納遺構と考えられる。同様の形体の棒状鉄斧は韓国蔚山《ウルサン》下垈《ハデ》遺跡四四号墓や浦項《ポハン》玉城《オクソン》里《ニ》遺跡ナ―一〇八号墓などから出土しており、これらの遺跡の時期は弥生時代終末期に併行するので、本例もこのころに半島からもたらされたのだろう。

　このほかにも七号土坑から鉄鏃未製品、一九・六四号住居跡から鉄素材、遺物包含層から鉄斧未製品がみつかっているが、これらの遺構で鍛冶をしていたとは考えにくく、混入品と考えられる。

図56●赤井手遺跡6号土坑でみつかった棒状鉄斧
一度に7本が出土したが、刃部をそろえて6本がまとまって出土し、後世に移動したのか、1本は土坑外から出土している。

仁王手A遺跡

仁王手A遺跡は、須玖遺跡群の中央付近に位置し、東側の低地につづく小丘陵上に立地する（図4参照）。一号住居跡は、緩斜面にあり、後世の整地による削平のため残存状況は悪いが、平面形は四×五メートル程度の長方形と推測される（図57）。主柱穴は二本柱で、出土土器の年代から時期は弥生時代中期末〜後期初頭と考えられる。

鍛冶炉は、二基以上が存在した可能性があるが、確定できるものは二基の土坑であるピット2・3である。ピット2は五一×三七センチの楕円形で、深さは一一センチ。ピット3は六四×四五センチの楕円形で、深さは六センチ。ピット2がピット3を破壊して掘られている。ピット両者は床や壁面が赤変し、硬化している

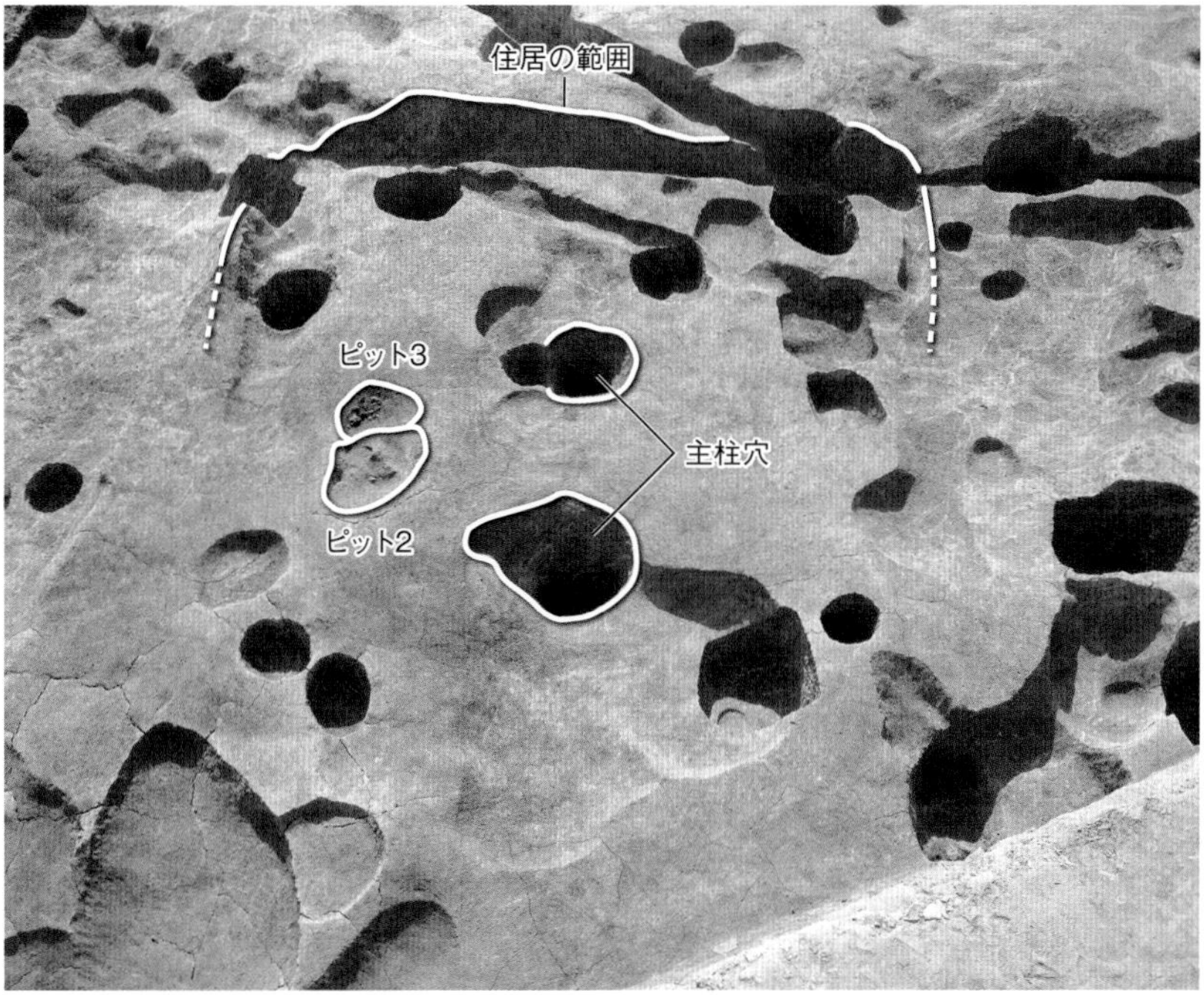

図57 ● 仁王手A遺跡でみつかった1号住居跡
ピット2・3のなかには、木炭片が多く混じる。とくにピット3の西部に炭化物や焼土が集中し、周辺からは鉄片が出土した。

ので、高熱を受けたことがわかる。また、ピットやその周辺からは、焼土、炭化物や鉄片（図58）が出土した。鉄片類は板状、棒状のため、小型鉄器を製作したと考えられる。

なお、ピット2・3の下には、一・七七×〇・八四メートルの楕円形で、深さ〇・三メートルの段掘りのピット15がある。これはピット16と小溝でつながる一連の遺構で、鍛冶に関するものと考えられる。ピット15は炭化物を含むが、まったく焼けていない。このためピット15については、ピット2・3と一連の遺構で、炉の防湿のために掘られた下部構造説と、ピット2・3以前に使用された大型の鍛冶炉説がある。

鉄片のほかに石鎚《いしづち》と考えられる敲打痕のある拳大の石器や、青銅器鋳型に使用される石英長石斑岩製の大型砥石などがみつかっている。

そのほかの遺跡

須玖遺跡群では、赤井手遺跡、仁王手A遺跡のほかに鉄器工房は確認されていない。しかし、鉄素材や未製品が出土する遺跡がある。須玖遺跡群の北端部の低地に位置する須玖唐梨遺跡からは、弥生時代後期後半〜終末の井戸などから大量の鉄片などが出土する。同じく低地

図58 ● 仁王手A遺跡出土の鉄器生産関連遺物
1号住居跡のピット2・3の周辺からは、棒状や板状の鉄片や微細片が出土する。

の遺跡である須玖岡本遺跡坂本地区では、鉄素材や未製品と考えられるような鉄器が複数出土する。残念ながら時期の特定は難しいが、遺跡の主体が弥生時代後期であることを考えれば、これらの出土品もその時期である可能性が高い。

低地に鉄器工房がみつかっていない理由としては、青銅器工房同様に鉄器工房が掘立柱建物であり、後世に床面が削平されやすいため、鍛冶炉が残っていない可能性があげられる。

北部九州を中心に弥生中期後半の甕棺墓に大型鉄戈が副葬されることがあるが、大型鉄戈は非実用品で、倭国産とされる。もし大型鉄戈の工房があったとするならば、須玖岡本遺跡周辺の可能性が高いのではないだろうか。

このように、弥生時代のテクノポリスとよばれる須玖遺跡群では、当時の最先端技術で青銅器、ガラス製品、鉄器を生産した。とくに銅矛は、須玖岡本遺跡坂本地区などの中型の数からもわかるように、大量に生産され西日本を中心に供給された。ガラス製品も、須玖岡本遺跡坂本地区や須玖五反田遺跡などの勾玉鋳型や掛堰の出土状況を考えれば、装身具として各地の首長へもたらされたことはまちがいない。まだ不明な点が多い鉄器も同様であろう。

先にも述べたが、国外から素材を入手し、青銅器などをつくり、各地に供給するためには、対外交渉をおこなうリーダーが不可欠で、それを奴国王らが担っていたのであろう。また、王宮の候補地として須玖坂本B遺跡をあげたが、後期になるとその周囲には須玖岡本遺跡坂本地区、須玖永田A遺跡、須玖五反田遺跡などの青銅器・ガラス生産遺跡が集中する。これらの工房は一括管理のために、奴国王らにより計画的に配置されたと考えられる。

第5章　これからの須玖遺跡群

須玖遺跡群の終焉とその後

このように奴国の王都として繁栄した須玖遺跡群だが、その終焉はどうだったのであろうか。古墳時代には須玖遺跡群の集落は縮小し、青銅器生産もおこなわれなくなる。奴国の王都は、巨大な前方後円墳である那珂《なか》八幡《はちまん》古墳《こふん》（墳長八六メートル）（図59）や首長居館、集落を縦貫する道路がつくられた福岡市比恵《ひえ》・那珂《なか》遺跡群へと移る。

弥生時代の比恵・那珂遺跡群は、須玖遺跡群に次ぐ大集落で、久住猛雄氏は青銅器埋納遺構や完形の漢鏡の出土はないが、計画的に街区が形成された可能性や大規模な倉庫域の存在から須玖遺跡群の「政治・祭祀センター（王都）」に対し、比恵・那珂遺跡群を「交易センター（商都）」とする。

久住氏によれば比恵・那珂遺跡群では、那珂八幡古墳が築かれる前後から畿内系の土器が主体になり、大和の土器の影響をリアルタイムに受けるようになるという。また、日本各地から土器がもちこまれ、半島系の土器の出土も多い。さらに、北側の博多遺跡群では、畿内中枢部と同じ当時の最先端技術を使用した鉄器生産が集中しておこなわれたようである。これらは奴国と初期大和王権の特殊な関係性を示しており、「博多湾貿易」の成立を示すとされた。

倭国の中心である大和王権や対外との交易における「博多湾貿易」の成立により、首都機能が須玖岡本遺跡から海浜部に近い比恵・那珂遺跡群へと移転したのではなかろうか。

須玖遺跡群のこれから

前章まで須玖遺跡群について紹介したが、墳墓、青銅器生産、王宮、集落の全体像や、なぜ、古墳時代になると北の比恵・那珂遺跡群へ奴国の中心が移るのかなど、これから解決すべき謎や課題が多く残っており、さらなる調査と研究が必要である。

須玖遺跡群のある春日市が、埋蔵文化財の保護に対

図59 ● 那珂八幡古墳
九州最古の前方後円墳とされる。後円部の中心にある大型埋葬施設は調査されていないが、その北西側の第2埋葬主体部には三角縁神獣鏡や玉類が副葬されていた。

する体制などが整う前に都市化したため、未調査のまま消滅した遺跡は少なくないが、現時点で確認されている遺跡群は日本列島の弥生時代を考えるうえできわめて重要な資料を提供していることにまちがいはない。

須玖岡本遺跡は、日本有数の弥生時代の遺跡であり、一九八六年に国史跡に指定されて以降、調査が進むごとに追加指定がおこなわれてきた。しかしながら、都市化した地域のためにまとまった範囲での発掘ができず、史跡指定地が点在している状況だ。

二〇一八年三月に『史跡 須玖岡本遺跡保存活用計画』が策定され、須玖岡本遺跡岡本地区の王墓エリア、王族墓エリア、坂本地区の青銅器工房エリアを三つの重点エリアとし、優先的に史跡化、整備・活用する方針が示された（**図60**）。さらに、二〇二六年三月の『史跡　須玖岡本遺跡整備基本計画』の策定にむけ、指定地の確認調査をおこなっている。また、先に述べように、王宮が発見される可能性がある須玖坂本B遺跡では、二〇二一年に地中レーダー探査、その翌年からは遺跡がある春日北小学校の児童や卒

図60 ● 史跡・須玖岡本遺跡の整備イメージ
奴国の丘歴史資料館を拠点に各エリアを回遊できる整備をめざす。

業生が通う春日北中学校の生徒と夏休みに発掘調査や遺跡見学会をおこなっている（図61）。

須玖岡本遺跡の整備は、広大な土地を公園化するようなものではなく、奴国の丘歴史資料館・歴史公園から、王墓エリア、王族墓エリア、青銅器工房エリア、一般成員（民衆）の集団墓地エリアを巡回できるような整備になると考えている。そこには遠方からの見学者だけではなく、地域の方の憩いの場として、健康増進のための散歩コースとして、生涯学習の場としての活用がみこまれる。

また、須玖坂本B遺跡で発掘調査を体験した子どもたちが、自分たちが住むこの地や学校の地下に、ほかに類のない日本国家の起源をたどれるような遺跡があることを誇りに思い、家族や将来生まれてくる子や孫に伝えることができれば、須玖岡本遺跡の整備は成功したと言えよう。

奴国の王都・須玖遺跡群。そしてその中心の須玖岡本遺跡は、学術的にも、整備・活用についても目がはなせない遺跡なのである。

図61 ● 史跡整備に関連した取り組み
春日北小学校の全6年生と奈良文化財研究所、春日市が協働して地中レーダー探索をおこなった。

参考文献

赤坂亨　二〇一一「須玖岡本D地点出土鏡片の再検討」『福岡市博物館研究紀要』二一
井上義也　二〇〇九「須玖遺跡群の集落構造」『第五八回埋蔵文化財研究集会　弥生時代後期の社会変化　発表要旨・資料集』
井上義也・武末純一　二〇二一「須玖岡本遺跡岡本地区五次調査の天秤権」『古文化談叢』八七　九州古文化研究会
岡村秀典　一九九九『三角縁神獣鏡の時代』吉川弘文館
春日市教育委員会編　一九九四『奴国の首都須玖岡本遺跡』吉川弘文館
春日市教育委員会　一九九五『須玖岡本遺跡』春日市文化財調査報告書 二三
春日市教育委員会　二〇一〇『須玖岡本遺跡三―坂本地区一・二次調査の報告―』春日市文化財調査報告書 五八
春日市教育委員会　二〇一一『須玖岡本遺跡四―坂本地区三・四次調査の報告―』春日市文化財調査報告書 六一
春日市教育委員会　二〇一二『須玖岡本遺跡五―坂本地区五・六次調査の報告及び考察―』春日市文化財調査報告書 六六
春日市教育委員会　二〇一七『須玖タカウタ遺跡三』春日市文化財調査報告書 七七
春日市教育委員会　二〇一九『須玖岡本遺跡六―岡本地区二〇次調査―』春日市文化財調査報告書 七九
春日市教育委員会　二〇二〇『須玖坂本B遺跡―一・四次調査―』春日市文化財調査報告書 八二
春日市奴国の丘歴史資料館編　二〇〇〇『奴国王の出現と北部九州のクニグニ』
春日市教育委員会編　二〇〇五『奴国の丘歴史資料館常設展示図録』
春日市史編纂委員会編　一九九五『春日市史』上巻
京都帝国大学　一九三〇『筑前須玖史前遺跡の研究』京都帝国大学文学部考古学研究報告　一一
久住猛雄　二〇一二「奴国とその周辺」『季刊考古学・別冊一八　邪馬台国をめぐる国々』雄山閣
寺沢薫・武末純一　一九九八『最新邪馬台国事情』白馬社
特別展「新奴国展」実行委員会編　二〇一五『開館二五周年記念特別展　新・奴国展―ふくおか創世記―』福岡市博物館
中山平次郎　一九二二「明治三十二年に於ける須玖岡本発掘物の出土状態　其の一・二」『考古学雑誌』一二―一〇・一一
平田定幸　二〇〇四「青銅器とガラス製品の生産―九州」『考古資料大観』一〇　小学館
村上恭通　一九九八『倭人と鉄の考古学』青木書店
柳田康雄　二〇一三「弥生時代王権論」『弥生時代政治社会構造論』雄山閣

春日市奴国の丘歴史資料館

・福岡県春日市岡本3丁目57番地
・電話　092（501）1144
・開館時間　9：00～17：00（入館は16：30まで）
・休館日　第3火曜日（祝日の場合は翌日）、年末年始
・入館料　無料
・交通　JR九州鹿児島本線南福岡駅から徒歩20分、西鉄天神大牟田線雑餉隈駅から徒歩24分

春日市内から出土した弥生時代の遺物を中心に展示する歴史資料館。展示室入口には、青銅器工房の様子を実物大で復元したジオラマや、奴国王墓をジオラマと映像で復元したものがある。奴国王墓や王族墓の副葬品や鋳型など多くの青銅器生産関連遺物の展示が目を引く。須玖岡本遺跡を理解するためにぜひ見学したい。

春日市奴国の丘歴史資料館

春日市奴国の丘歴史公園

・春日市岡本6丁目15番地
・見学自由
・交通　春日市奴国の丘歴史資料館に同じ

春日市奴国の丘歴史資料館に併設。須玖岡本遺跡岡本山地区の一部を歴史公園化し、2つのドームの中では発掘されたままの状態の甕棺墓などを見学できる。

史跡　須玖岡本遺跡

・春日市岡本7丁目他
・見学自由
・交通　春日市奴国の丘歴史資料館に同じ

点在する史跡地を散策しながらみることができる。2026年度以降に本格的な整備を進める予定。

春日市奴国の丘歴史公園

遺跡には感動がある

——シリーズ「遺跡を学ぶ」刊行にあたって——

「遺跡には感動がある」。これが本企画のキーワードです。

あらためていうまでもなく、専門の研究者にとっては遺跡の発掘こそ考古学の基礎をなす基本的な手段です。また、はじめて考古学を学ぶ若い学生や一般の人びとにとって「遺跡は教室」です。

日本考古学では、もうかなり長期間にわたって、発掘・発見ブームが続いています。そして、毎年厖大な数の発掘調査報告書が、主として開発のための事前発掘を担当する埋蔵文化財行政機関や地方自治体などによって刊行されています。そこには専門研究者でさえ完全には把握できないほどの情報や記録が満ちあふれています。しかし、その遺跡の発掘によってどんな学問的成果が得られたのか、その遺跡やそこから出た文化財が古い時代の歴史を知るためにいかなる意義をもつのかなどといった点を、莫大な記述・記録の中から読みとることははなはだ困難です。ましてや、考古学に関心をもつ一般の社会人にとっては、刊行部数が少なく、数があっても高価なその報告書を手にすることすら、ほとんど困難といってよい状況です。

いま日本考古学は過多ともいえる資料と情報量の中で、考古学とはどんな学問か、また遺跡の発掘から何を求め、何を明らかにすべきかといった「哲学」と「指針」が必要な時期にいたっていると認識します。

本企画は「遺跡には感動がある」をキーワードとして、発掘の原点から考古学の本質を問い続ける試みとして、日本考古学が存続する限り、永く継続すべき企画と決意しています。いまや、考古学にすべての人びとの感動を引きつけることが、日本考古学の存立基盤を固めるために、欠かせない努力目標の一つです。必ずや研究者のみならず、多くの市民の共感をいただけるものと信じて疑いません。

二〇〇四年一月

戸沢 充則

著者紹介

井上義也（いのうえ・よしなり）

1973年、福岡県糟屋郡生まれ。

別府大学文学部卒業、福岡大学大学院修了。

現在、春日市協働推進部文化財課（奴国の丘歴史資料館）勤務。

主な著書　「朝倉東部の中期の埴輪工人―ハケメの分析を中心に―」『古墳文化基礎論集』（古墳文化基礎論集刊行会、2021)、「福岡県春日市赤井手遺跡の青銅器生産」『遺跡学研究の地平』（吉留秀敏氏追悼論文集刊行会、2020)、「福岡県における埴輪の配置　後期を中心に」『福岡大学考古学論集３』（福岡大学考古学研究室、2020)、「福岡平野の弥生時代青銅器生産の開始期―須玖遺跡群を中心に―」『福岡大学考古学論集２』（福岡大学考古学研究室、2013)

写真提供（所蔵）
福岡市博物館 、DNPartcom（福岡市博物館所蔵）：図１（金印）／九州歴史資料館：図３／春日市：図５・６・９・10・13・15・16・18・19・20・22・23・24・25・26・27・28・29・30・31・32・33・36（うち２・５・７は文化庁所蔵）・37（うち左は文化庁所蔵）・39・40・41・42・43・44・45（うち坩堝・仿製鏡鋳型・小銅鐸鋳型は文化庁所蔵）・46・47・48・49・50・51・52（文化庁所蔵）・53・55・56・57・58・60・61／国立文化財機構所蔵品統合検索システム（https://colbase.nich.go.jp/?locale=ja)：図11 銅戈：J-22937、銅矛（左)：J-22939、銅矛（右)：J-22940、多樋式銅剣：九州国立博物館（東京国立博物館所蔵、落合晴彦撮影）／九州大学大学院人文科学研究院考古学研究室所蔵：図12／福岡市埋蔵文化財センター：図59

図版出典（一部改変）
石原道博編訳『新訂　魏志倭人伝　他三篇―中国正史日本伝(一)―』第六四刷岩波文庫：図１／京都帝国大学文学部考古学研究室 1930『筑前須玖先史時代遺跡の研究』図版第30：図21

上記以外は著者

シリーズ「遺跡を学ぶ」163

奴国《なこく》の王都　須玖《すぐ》遺跡群

2024年 1月 5日　第１版第１刷発行

著　者＝井上義也
発　行＝新 泉 社
東京都文京区湯島１－２－５　聖堂前ビル
TEL 03（5296）9620 ／ FAX 03（5296）9621
印刷／三秀舎　製本／榎本製本

ISBN978－4－7877－2333－8　C1021

新泉社

シリーズ「遺跡を学ぶ」

024

最古の王墓　吉武高木遺跡

常松幹雄　1500円＋税

博多湾に面した早良平野・吉武高木で、大形の甕棺墓・木棺墓がつぎつぎとみつかった。時代は弥生中期はじめ、最古の王墓とその精神世界を語る。

034

吉備の弥生大首長墓　楯築弥生墳丘墓

福本　明　1500円＋税

吉備の中心地帯を望む小高い丘に、他の追随を許さない規模の弥生首長墓がある。遺構や弧帯文石などの特異な遺物を検討し、弥生の葬送祭祀と前方後円墳出現への道筋をさぐる。

053

古代出雲の原像をさぐる　加茂岩倉遺跡

田中義昭　1500円＋税

出雲平野の背後に連なる山々の懐深くに、三九個もの銅鐸が一カ所にまとめて埋められていた。古代出雲観に強烈なインパクトを与えた加茂岩倉銅鐸群の謎と弥生の出雲世界に迫る。

114

九州の銅鐸工房　安永田遺跡

藤瀬禎博　1600円＋税

北部九州の交通の要衝、佐賀県鳥栖市の安永田遺跡から銅鐸の鋳型が出土した。筑紫平野に花開いた弥生時代のテクノポリスを探訪する。

115

邪馬台国時代のクニの都　吉野ヶ里遺跡

七田忠昭　1600円＋税

大発見以来、多くの論争の中心にあった吉野ヶ里遺跡。集落の成立から終焉までの展開をくわしく追究し、「倭人伝」記事との対照などをとおして、邪馬台国時代のクニの都に迫る。

125

徳島の土製仮面と巨大銅鐸のムラ　矢野遺跡

氏家敏之　1600円＋税

四国・吉野川が流れる徳島平野の一角に、土製仮面と発掘調査出土品としては最大の巨大銅鐸が出土した集落遺跡がある。いったいここにはどのようなムラと人びとの営みがあったのか。